民间古玉集萃

西湖艺术博览会组委会　编

西泠印社出版社

前言

　　玉，石之美者。从 5000 年前的先民开始利用和田籽料起，这片土地上便开启了绵延千载的玉石文明。作为中华文明最具延续性的物质载体之一，古玉不仅承载着先民"以玉事神"的原始信仰，更镌刻着"君子比德于玉"的精神追求，其形制之嬗变、工艺之精微、纹饰之流衍，实为中华文明精妙的物质注脚。

　　本书立足于考古学、艺术史与物质文化研究，系统详细地梳理了历代众多珍稀古玉。通过类型学、图像学和符号学等方式的解读，对礼器、佩饰、陈设等不同功能器物的装饰工艺进行整理分析，旨在呈现民间藏家所庋藏的珍稀玉器，使散佚于民间的古玉遗珠重归文化谱系，为当代社会提供观照中华古玉文明的新窗口。

　　今编纂此《民间古玉集萃》，恰与首届"民间古玉集萃展览"相映生辉。这不仅为器物之集萃，而且以玉为媒，贯通古今，于民间古玉探寻玉石文化之美。正如展览中，明代玉辅首衔环饰和镂雕玉环等珍品，其砣工痕迹在显微镜头下纤毫毕现，恰与《考工记》中"玉人治玉"的记载遥相呼应，实证了传统工艺的科学性与艺术性。

孔子云："昔者君子比德于玉焉。"今日，当民间藏家让沉寂千年的古玉重焕光彩，实为文明传承的幸事。本书愿做一座津梁，连缀学术与大众、历史与当下，让温润的玉德精神浸润时代人心。希望读者抚卷之际，既能领略古玉的"山川之精"，亦能体悟"藏玉即藏魂"的玉石文化理念。

西湖艺术博览会组委员会

2025 年 3 月 18 日

Preface

Jade, the beauty of stone. Since the Paleolithic ancestors utilized the Hetian seed material from 5,000 years ago, this land has opened a jade civilization that has lasted for thousands of years. As the most continuous material carrier of Chinese civilization, ancient jade not only carries the original belief of the ancestors of "using jade to serve gods", but also engraves the spiritual pursuit of "gentlemen compare virtue to jade ".

From the perspective of archaeology, art history and material culture research, this book systematically and meticulously sorts out many rare and ancient jades in the past dynasties. Through typology, iconography and semiotics, this book sorts out and analyzes the decoration techniques of ritual vessels, ornaments, furnishings and other functional artifacts, aiming to present the rare jade artifacts collected by folk collectors, so that the relics of civilization scattered among the folk can return to the cultural lineage, and provide a spiritual window for contemporary society to observe the Chinese jade civilization.

The Compilation of the First Folk Ancient Jade Collection Exhibition coincides with the first Folk Ancient Jade Collection Exhibition. It is not only a collection of utensils, but also wants to use jade as a medium, connecting the ancient and modern, and exploring the code of civilization genes between square inches. As seen in the exhibition, the treasures such as the Ming Dynasty jade beast-head door knocker ornament with a ring and the carved jade ring, the traces of the rotary wheel carving are meticulously visible under the microscope, which echoes the record of "jade craftsmen shaping jade" in *The Artificers' Record*, which proves the scientific and artistic nature of traditional crafts.

Confucius said,"Gentlemen compare virtue to jade." Today, when private collectors revive the glory of ancient jade, which has been silent for thousands of years, it is really a blessing for the inheritance of civilization. This book is willing to be a bridge, connecting academia and the public, history and the present, so that the warm spirit of jade can infiltrate the hearts of people. It is hoped that when readers touch the scroll, they can not only appreciate the "essence of mountains and rivers" of ancient jade, but also understand the jade culture of "collecting jade equates to conserving the spirit and culture. "

Organizing Committee of the West Lake Art Fair

March 18th, 2025

目录

6

001

白玉象首形饰

长：4.1cm 宽：2.7cm 高：1.7cm

白玉质地温润，表面呈现深浅不一的黄褐色斑驳。器型为片状象首造型，线条简练刚劲，象鼻微卷，整体造型古朴浑厚，刀工遒劲。

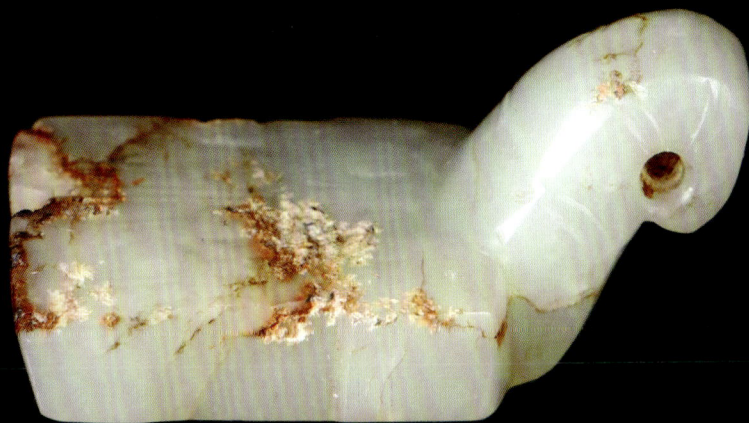

002

玉方形饰

长：2.4cm 宽：1.7cm 高：4.2cm

器表刻画有阴线，器身表面圆润光洁。此玉器可能为组佩组件，形制古朴。

003

玉勾连云纹咬尾龙饰

长：4.7cm 宽：2.2cm 高：4.4cm

白玉玉质温润细腻，局部受沁。整体略呈扁平环状，手感厚实，随形雕蜷体龙形，龙身盘旋，足趾攀附有力，作首尾相衔貌。龙首雕琢滴水目，龙身阴刻细密的龙鳞，双面纹饰相同，刻画精妙传神。

玉螭龙纹鸡心佩

长：7.7cm 宽：3.4cm

鸡心佩体扁平，玉质灰白，中部透雕螭龙纹。螭龙身躯扭转，头部侧视，四肢攀附，长尾分叉卷曲。龙身以游丝毛雕技法刻画细密鳞片。此玉型为古代高等级佩饰的典型制式。

005

玉龙凤纹鸡心佩

长：7.3cm 宽：4.8cm

此鸡心佩，玉质光滑细腻，片状，略呈椭圆形，中有一圆孔，整体近似于鸡心的形状。器体扁薄，采用镂空和极细的阴线雕刻出凤纹毛发，线条流畅、犀利。蛟龙盘曲回旋，蜿蜒矫健。

006

玉螭龙纹璧

直径：4.7cm

玉螭龙纹璧，璧面浮雕螭龙盘绕，龙身扭曲有力，爪牙犀利，地子平整，为典型装饰璧。

007

玉钺

宽：9.3cm 高：12.1cm

玉钺呈扁梯方形，器身厚重，刃略带弧形。顶端有穿孔，通体素面无纹，但打磨光滑，边缘线条规整，可见古人注重实用性与象征性。

008

玉勾连云纹勒子

高：7.6cm

勒子呈长圆柱形，两端略收，中部贯通。表面满饰勾连云纹，纹饰以减地浅浮雕结合阴线刻，布局繁而不乱，是一件不错的配饰。

009

白玉持拂尘童子

长：4.0cm 宽：1.4cm 高：9.6cm

童子为白玉质，色泽温雅。圆雕童子呈站立侧首状，圆脸，弯眼咧嘴，两颊鼓鼓，面相喜气可人。身着长衣、长袖，衣纹流畅，右手持拂尘，左手挽系带。整体雕工流畅自然，线条柔和，构思巧妙，细节丰富，神韵到位，不失为一件精品。

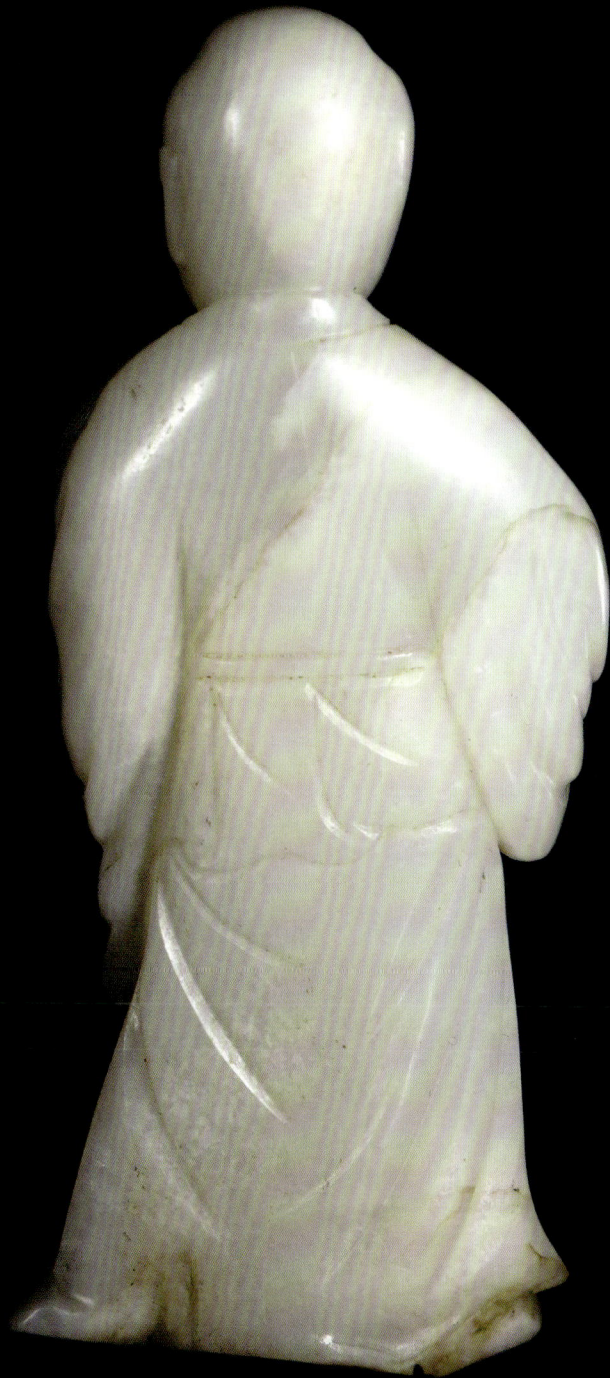

010

白玉刘海戏金蟾把件

长：4.8cm 宽：2.7cm 高：7cm

白玉玉质细腻，局部有黄褐色沁。圆雕刘海呈半蹲姿，面容丰腴含笑，衣褶层叠流畅，双手捧罐，上卧金蟾。人物神态诙谐，细节刻画精细，兼具世俗趣味与吉祥寓意。

011

玉羊

长：7.8cm 宽：2.9cm 高：3.2cm

形为圆雕卧山羊，长角垂于脑后，四肢跪卧，收身缩腹。及近端详，羊头骨棱清秀，眼睑深邃，瞳孔和眼白分明。艺术风格写实，雕工考究。

012

黄玉卧马

长：7.3cm 宽：2.4cm 高：4.0cm

圆雕卧马造型，体型饱满。右足跪姿，三足收于腹下，似乎正在侧耳倾听，面部及
鬃毛刻画细腻。通体光气老熟，更显古韵浑厚。

013

玉跪坐玉人

宽：5.1cm　高：6.8cm

玉人呈跪坐姿态，玉质细腻。面部刻画简洁，双手弯曲于胸，衣纹以阴线勾勒，线条流畅，体现出古代人物玉雕的写实风格。

014

玉卷云纹勒子

长：2.1cm　宽：1.9cm　高：2.7cm

勒子圆柱形，通体饰以细密卷云纹，玉质莹润，局部有沁色，两端穿孔，纹饰对称工整。

015

玉鸮形饰

长：9.1cm 宽：3.8cm

玉器呈现出灰白色与黄褐色交织的斑驳质感，鸮身扁平，轮廓简练，头部微凸，眼部钻孔，尾部渐收，可为片雕工艺的代表作。此器兼具实用价值与象征意义。

18

016

白玉凤鸟纹饰

长：4.8cm 宽：1.5cm 高：5.0cm

白玉质地纯净，凤鸟展翅，阴线刻羽毛纹，喙部尖细，尾部飘逸，造型写实，线条柔和。

此件玉质莹润，无明显沁色，或为宋代贵族佩饰。

017

玉螭龙纹鸡心佩

长：7.4cm 宽：6.5cm

白玉质地，通体受沁呈黄褐色，片形镂雕，一端微尖，一端圆浑，中间圆孔镂雕螭龙。
两侧分别镂雕蟠螭纹，古韵浓郁。

018

火烧玉猴把件

长：3.2cm   宽：2.1cm   高：4.2cm

玉猴呈蜷缩状，通体因火烧呈深褐色，猴首圆耳深目，右肢抱膝，左肢高举，憨态可掬。

019

玉虎

长：7.1cm　宽：2.4cm　高：2.7cm

立体圆雕，虎形矫健，双目圆凸，口部穿孔，四肢肌肉饱满，尾部贴背，表面以浅浮雕表现毛发纹理，造型浑厚。

020

玉立人

长：2.4cm 宽：1.1cm 高：5.9cm

玉立人，青白玉质，人物直立，长袍及足，双手拢袖，面部以游丝毛雕刻画，神态肃穆。

白玉螭龙纹鸡心佩

长：6.0cm 宽：4.7cm

佩体为鸡心形，中部镂空，佩体周身透雕螭龙盘绕，龙身蜿蜒灵动，尾部卷曲。整
体造型生动威猛，彰显了古代螭龙纹饰的动感与力度。

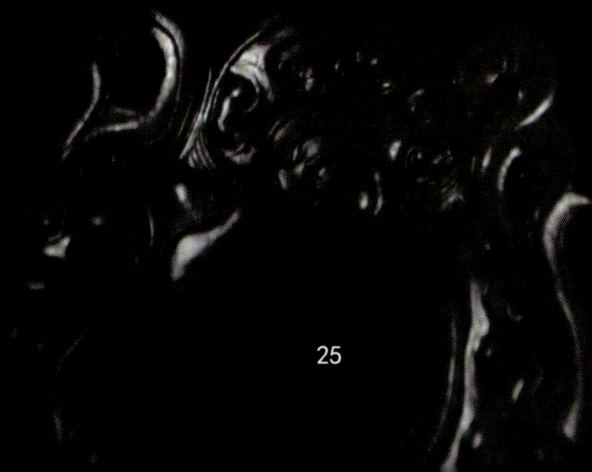

022

玉镂空双龙纹佩

长：5.4cm 宽：6.4cm

玉佩镂空雕双龙戏珠，玉质灰黄受沁，疑似明代玉雕，注重立体感。此件刀法粗犷，龙纹威猛。

023

玉螭龙纹组佩一组两件

长：8.6cm　宽：5.2cm/　长：3.7cm　宽：9.4cm

螭龙身躯扭动，四足腾跃，玉质灰白沁色，表面刻鳞甲纹。此组造型灵动，孔道磨
损明显，可见长期佩戴痕迹。

024

玉龙首觽成对

长：7.9cm 宽：3.5cm/ 长：9.7cm 宽：2.0cm

龙首尖喙，觽身细长弯曲，表面受沁呈鸡骨白，纹饰简练。觽为解结工具，逐渐发展成佩饰。此对造型差异，或为不同用途。

025

玉龙首螭龙纹带钩

宽：3.0cm 高：11.3cm

龙首威严，螭龙蜿蜒缠绕，螭身肌肉线条遒劲，尾部卷曲。纹饰简洁，钩身打磨光滑。

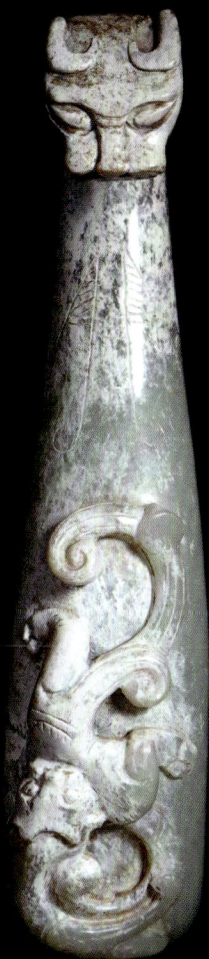

026

玉绞丝纹环

直径：5.9cm

此环线条流畅，纹路如行云流水，古韵苍然。非常适合作为佩戴之物。

玉绞丝纹环

027

白玉鸟形饰

长：4.3cm 宽：1.9cm

玉鸟为片体，整体素面无光。鸟呈飞翔状，嘴微张，整体线条简括拙朴，带有商代
玉器特征。

028

玉饕餮纹管形饰

宽：2.0cm 高：4.9cm

方柱体形，造型呈两琮并列式样。刻饰简易饕餮纹，左右各钻一孔，称双管勒子。

029

玉坐猴

长：2.9cm   宽：3.7cm   高：6.3cm

猴首雕琢简练，双眼炯炯有神，嘴部紧闭，鼻部上翻，整体肌肉感较强，饱满盈实，
雕刻精细，寓意吉祥，适合上手把玩。

030

玉鸭成对

长：5.7cm　宽：3.3cm　高：5.8cm ／　长：6.9cm　宽：3cm　高：4.2cm

双鸭为圆雕，一作俯卧状，羽翼收拢；一作站立状，长颈后仰，喙部微张。玉质受沁呈灰黄色，表面可见绺裂与土沁。鸭身以浅浮雕勾勒羽翼轮廓，线条简练，造型憨拙。

031

玉回首鹿

长：9cm　宽：3.7cm　高：8.2cm

整器圆雕一站鹿，身躯圆润，四肢强健，雕刻细致。鹿是明清时期常见的吉祥图案，寓意福禄双全。

032

玉辟邪

长：6.4cm　宽：4.2cm　高：3.4cm

玉受沁辟邪，立体圆雕。辟邪昂首怒目，鬃毛飞扬，前肢踞地，后肢蜷曲，身饰阴线鳞片纹，动态十足。

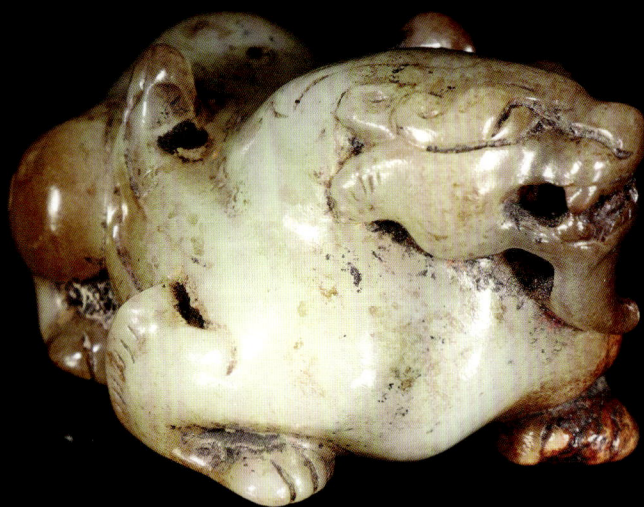

033

玛瑙绞丝纹咬尾龙环

直径： 3.9cm

玛瑙橙红透光，玛瑙绞丝纹咬尾龙环。龙首尾相接，身饰绞丝纹，鳞甲以短阴线刻画，打磨如镜，可见此玛瑙器工艺水平极高。

034

玉镂空龙饰

长：9.8cm 宽：4.7cm

白玉，镂空长方佩，其上琢一正面龙纹，纹饰传统经典，雕工精湛。

035

白玉蝉

长：6.6cm 宽：3.6cm

青白玉，玉质如脂。蝉以圆雕手法琢磨而成，玉蝉头部及双眼外凸，正反双面皆以
宽阴线雕琢出头、胸、翅及尾部。寥寥几刀，就给玉蝉注入了饱满的生命力。

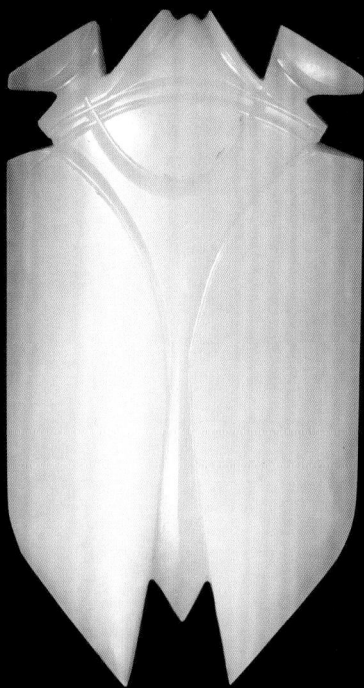

036

玉虎形饰

长：5.9cm　宽：2.5cm

玉虎形饰，青黄玉质，局部褐沁。虎作匍匐猎食状，四肢紧绷，尾贴腹，动态捕捉精准。

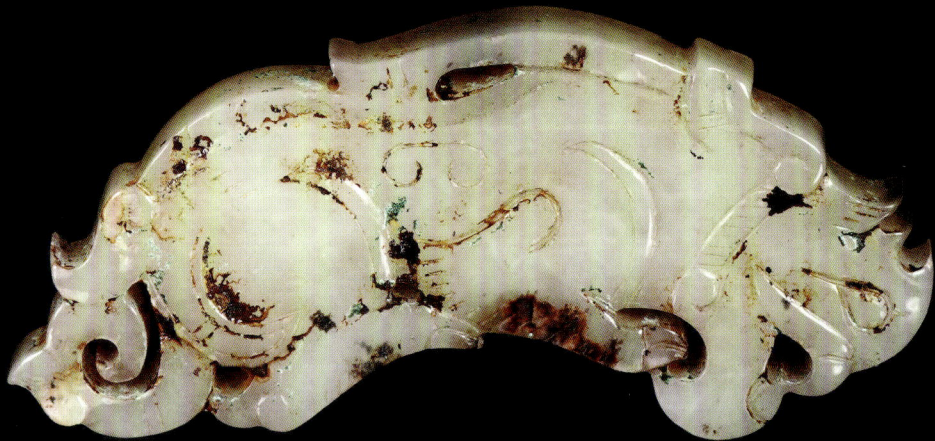

037

玉卧犬

长：5.2cm　宽：3.3cm　高：2.1cm

玉卧犬，黄玉质。犬作匍匐状，头部前伸，四肢收于腹下，身饰浅浮雕神徽纹残迹，体现动物玉雕的神秘性。

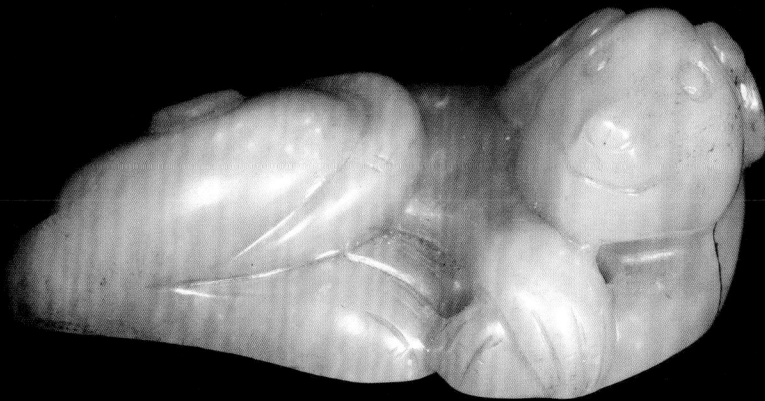

038

玉卧羊

长：3cm　宽：1.3cm　高：2.1cm

羊白玉质，局部黄沁。羊作蜷卧状，双角盘卷，身以粗阴线勾勒轮廓，刀法简练，造型温润，象征吉祥。

039

玉象

长：7.5cm　宽：4.5cm　高：5.0cm

青玉质，象呈站立之姿，造型古朴厚实，刻画简洁利落，圆眼，以几道深阴刻线表现象鼻，身体以简单线条表现。寥寥数刀，不重写实而将其敦厚朴实的神韵刻画无遗。

玉卧牛

长：6.1cm　宽：2.7cm　高：2.6cm

玉牛呈卧姿，四肢蜷曲，头部微抬，玉质灰白受沁，表面斑驳，牛身肌肉线条饱满，此玉雕注重神态，牛形憨厚温顺，或为文房镇纸。

041

玉天禄

长：7.0cm 宽：4.8cm 高：6.3cm

天禄神兽，沁色金黄。器物造型饱满敦实，四足伏卧，独角后扬，眼呈水滴状，鼻呈如意状，眉目炯炯有神。整体刻画精细、飘逸洒脱，放置案头瞬增凝瑞祥和之气，藏赏皆宜。

042

青玉象

长：8.8cm 宽：5.5cm 高：6.0cm

玉象圆雕而成，包浆厚重，沁色斑驳，敦实古朴。大象低首卷鼻，双眼细长，双耳下垂，造型生动形象。整体造型粗犷。

043

玉螭龙扁勒

长：5.5cm 宽：3.2cm

片状雕。螭龙攀附梯形勒体，刀工刚健，兼具实用与赏玩性。

044

玉六棱柱

高：5.4cm

玉六棱柱形，通体光素，棱线挺拔，中空，可能为仪仗器柄饰，形制罕见。

045

各类玉饰一组六件

尺寸不一

玉饰一组六件，包含司南佩、工字佩、凤鸟、带钩等残件，玉质混杂，灰沁明显，尺寸微小。

046

玉剑首/剑格

直径：4.7cm / 长：5.5cm　宽：2.3cm　高：2.1cm

剑首饰谷纹，剑格光素，銎孔规整，组合完整，青玉质，灰沁深入，反映出古代玉具剑装饰制度的成熟。

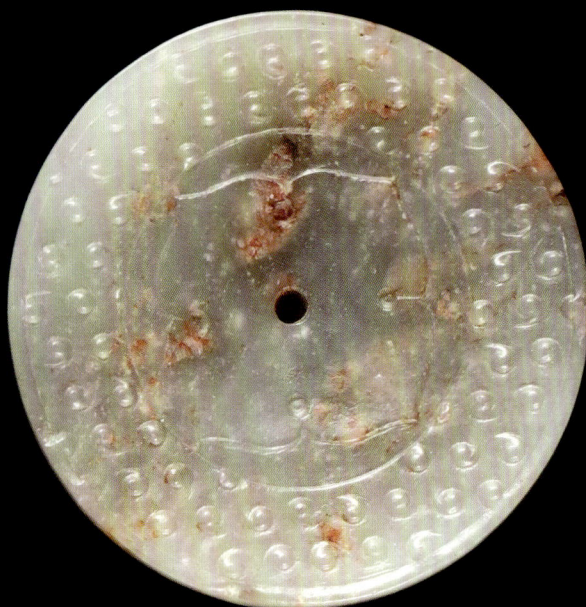

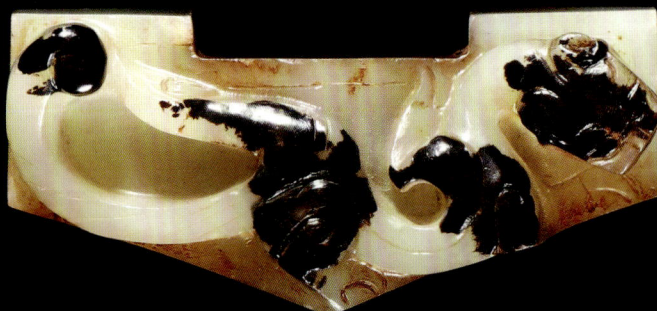

047

玉剑饰一组四件

尺寸不一

此组玉剑饰由玉剑首、玉剑璏、玉剑格、玉剑珌构成完整的一组剑饰。取材白玉，玉质精良，温润细腻，表面带有不同程度的沁色，装饰变形勾云纹，形制规整大气，有明显的时代特征。

玉谷纹璧

直径：7.9cm

白玉质，局部黄褐色沁。璧呈正圆扁平体，中央有孔。内外缘勾勒凹弦纹边阑，地子碾琢平整，器表满雕旋形谷纹，方向随意、灵活，排列紧密有序，谷纹乳凸颗粒饱满匀称，表现出很强的生命力。

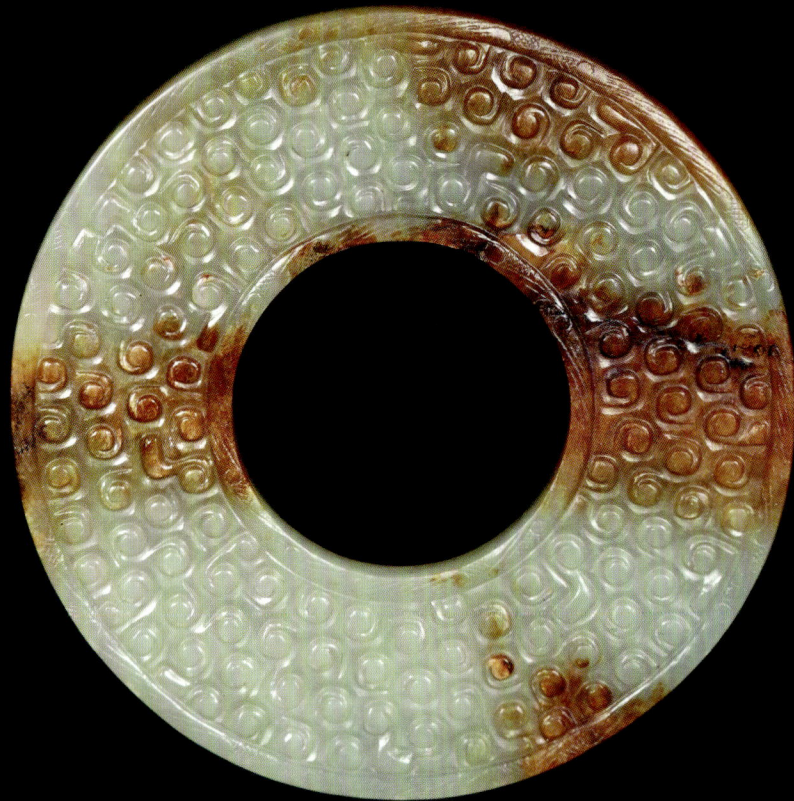

049

玉双凤出廓环

长：9.5cm　宽：5.6cm

玉质温润，色泽复杂且变化过渡有序，渗入玉石肌理。呈片状，中间有一孔，壁两端出廓镂雕凤纹，整体琢磨细致，抛光精细。

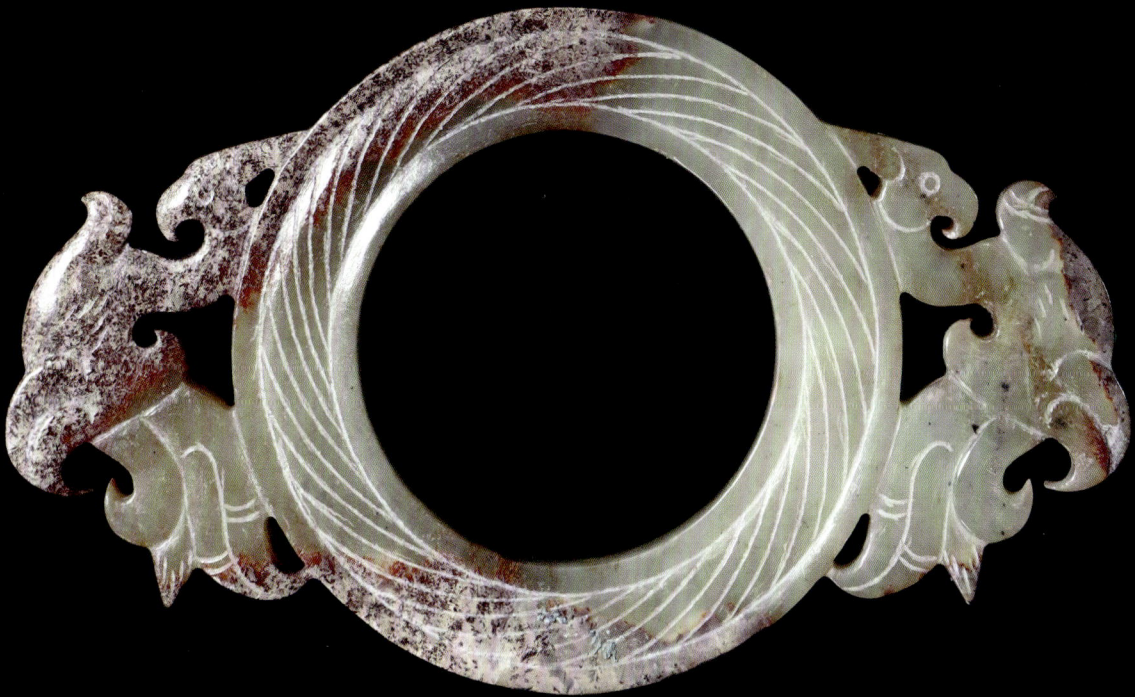

050

玉兽面纹璜

长：9.4cm 宽：3.4cm

璜呈弧形片状，雕兽面纹，玉质黄褐沁色明显，中部光素，边缘有扉棱。玉璜多用于组佩，此件兽面狰狞，具辟邪寓意。

051

玉兽面纹佩饰

长：4.1cm 宽：3.4cm

青玉质地，仿商代兽面纹佩。佩呈梯形，正面浮雕兽面纹，双目圆凸，鼻翼宽阔。

玉乳钉纹出廓双螭龙纹璧

长：22.0cm 宽：18.0cm

璧身正圆形，内外缘起边，中心对穿圆孔。璧上减地阳雕谷纹，颗粒饱满，碾琢痕迹清晰，纹饰密而不乱，均匀分布，排列有序。璧顶部出廓饰双螭龙纹，攀爬相对，共衔一环。本品运用圆雕、镂雕、透雕、线刻等技法雕制而成，做工精致，细腻润泽，纹样精美，弥足珍贵。

053

青玉凤鸟纹饰

长：7.0cm　宽：2.7cm　高：4.2cm

凤鸟展翅，长尾垂落，身饰减地涡纹，象征祥瑞。

054

黄玉咬尾龙纹饰

长：3.5cm 宽：2.7cm

黄玉莹润，龙身蜷曲成环，首尾相接，身饰绞丝纹，鳞甲细密，孔道斜穿，造型灵动，兼具佩戴与把玩功能。

055

玉双层璜

长：11.1cm 宽：2.4cm

玉璜质地晶莹而满带有乳白色钙化，表面光气精良。整体呈双层、双面工雕琢纹饰；两端内外层均雕琢龙首，龙纹威严传神，线条流畅优雅，运用细阴线勾勒与浮雕技法，技艺颇为精湛。整体造型古朴典雅，纹饰雕琢精美，器型独特难得。

056

白玉戏鹰童子

长：4.1cm　宽：2.0cm　高：6.3cm

童子圆脸憨笑，左臂擎鹰，左脚微抬，衣纹流畅，鹰羽以细阴线刻画，生动表现了北方游牧民族的狩猎场景，工艺精湛。

057

宽袍玉人

长：3.0cm　宽：1.2cm　高：5.9cm

玉人形态特别，发束于后，躯体微俯，长袍伏地，下摆开阔，束于中腰，双手拢袖于前。
面部雕琢简练却细腻，耳朵亦细致勾勒，神韵俱显。

058

玉牛

长：6.5cm 宽：3.0cm 高：3.5cm

玉质细腻而通身带有褐色玉皮，料色熟润自然。整体雕琢一跪伏的小牛造型，牛首昂起，四足回弯，头上圆角微微隆起，尖耳后撇，颇为写实传神。

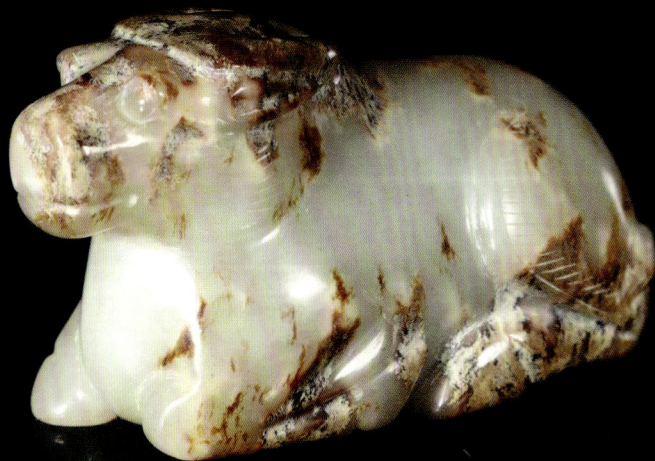

059

黄玉小兽

长：8.0cm　宽：3.7cm　高：8.2cm

黄玉质地温润，沁色自然渗透，呈深浅过渡。小兽作匍匐状，四肢蜷曲，头部圆润，双目以阴线勾勒，背部脊线分明。整体造型古朴灵动，沁斑与玉色交融，彰显岁月沉淀之美。

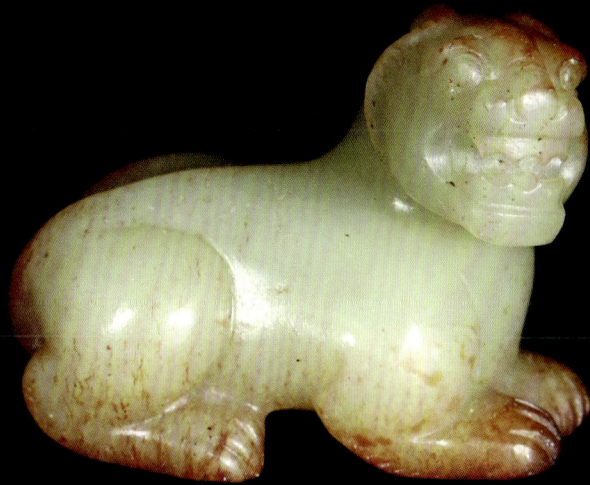

060

碧玉童子骑象

长：8.0cm 宽：3.8cm 高：7.5cm

碧玉童子骑象为祥瑞题材，童子跨坐象背，憨态可掬，象耳下垂，长鼻卷曲，四肢粗壮有力。碧玉色泽深沉，局部透光，象身肌理以短阴线表现，童子衣纹简练，整体厚重而不失灵动。

061

玉卧熊

长：8.7cm　宽：5.5cm　高：7.2cm

以立体圆雕技法雕出熊圆浑健壮、肉丰骨劲的基本形态，全身线条流畅优美。鼓腹圆脑，双乳下垂，四肢粗壮，腰背雄壮。昂首，圆眼微凸，炯炯有神，长嘴张口，露出颗颗排列整齐的獠牙，双耳竖起贴于身后，转折自然。熊掌雕刻生动，肥厚圆硕，趾爪细节清晰。右腿前伸，左腿蜷曲收拢于腹前，玉熊通体结构圆润，各个视角的线条均体现出拙笨质朴之美感。

062

玉谷纹璧

直径：8.5cm

器呈圆形，片状，中心有孔，形制古雅，两面纹饰相同，内外缘以弦纹阔边，中间皆饰谷纹。

063

玉双飞区龙纹璧

直径: 12.2cm

璧体圆形，中部有孔。玉璧表面浮雕龙凤螭纹，呈攀爬状，巧琢阴线来表现身体的肌理。玉璧中间雕饰乳钉纹，分布密实，排列整齐有序。该璧雕工艺精湛细腻，高浮雕刻划，遒劲清丽，密而不乱，技法娴熟洒脱。

064

玉蝉

长：4.3cm 宽：2.0cm

蝉体扁平，双目凸起，翼部以汉八刀技法勾勒，腹部节痕简练，为典型玉琀。

065

玉兔形管

长：1.6cm 宽：1.1cm 高：3.5cm

兔呈蹲踞状，双耳贴背，身饰双阴线鳞纹，中贯孔道，造型抽象，可能为组佩组件。

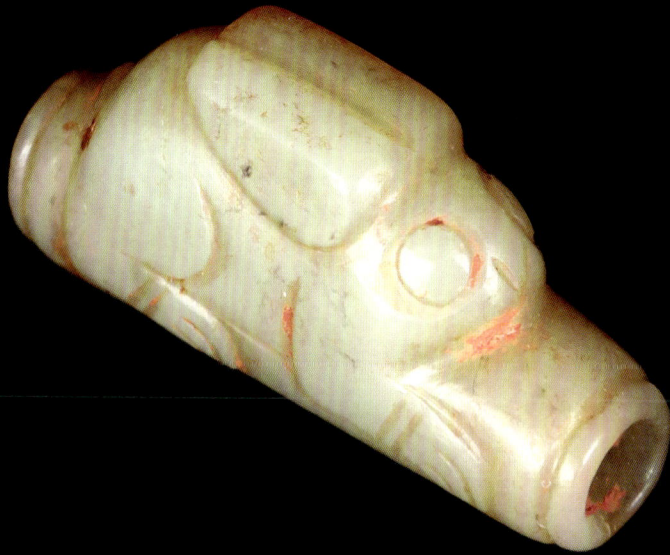

066

白玉素面扳指

高：3.3cm 直径：3.6cm

和田白玉质，脂白无瑕。圆筒形制，内壁光滑，外壁光素，打磨如镜，体现玉器"良材不雕"的审美理念。

067

白玉鹭鸶纹炉顶

宽：4.8cm 高：5.5cm

白玉鹭鸶纹炉顶，白玉温润，立体圆雕，以镂雕结合阴线表现空间与纹理。

068

高冠鹦鹉

长：7.6cm 宽：3.1cm

玉鹗形饰，片状雕，反映出古商代禽鸟玉雕的图腾化特点。

069

双出廓璧

长：7.7cm 宽：4.7cm

玉受沁螭龙纹璧形饰，青灰玉质，满布灰皮。螭龙呈 S 形攀附于璧缘，身饰绞丝纹，璧面阴刻蒲纹，构图灵动。

070

玉鸮

长：4.8cm 宽：5.1cm 高：2.2cm

玉质为青白玉，受沁后呈鸡骨白。鸮鸟做飞翔状，圆目钩喙，羽翼以阴线细刻层层叠压纹，足部粗壮有力，背部钻有穿孔，兼具实用与艺术性。

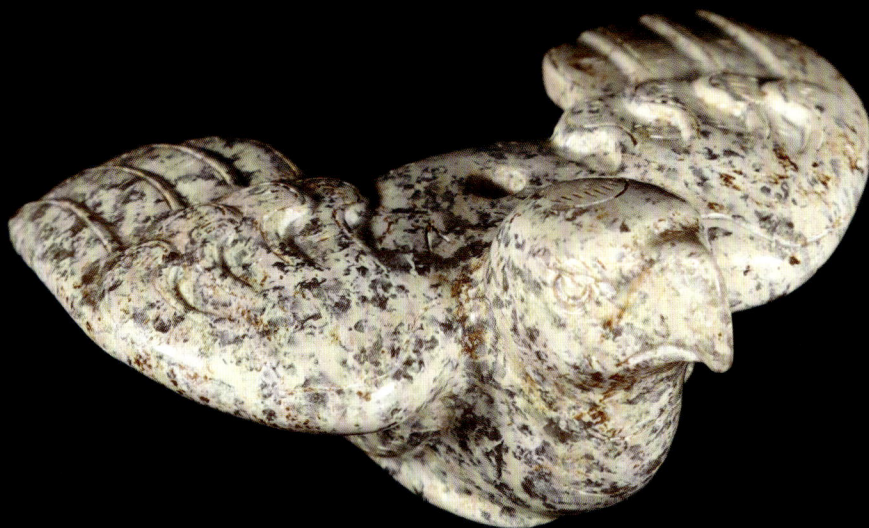

071

玉夔龙纹饰

长：10.5cm 宽：2.3cm

夔龙身躯蜿蜒，通体阴刻勾连云纹，玉质青白，边缘受沁呈黄褐色，夔龙造型抽象神秘，纹饰充满动感。

072

玉舞人

宽：3.7cm　高：10.3cm

圆雕一舞人形象，五官刻画细致。身穿长袖袍服，一手置于腹前，一手甩袖于肩后，作跳舞姿态，生动形象。最特别的是舞人的头部是玛瑙材质单独制作，嵌入玉人体内，这样转动头部就会呈现出多变的舞姿。

073

白玉翁仲

宽：1.9cm　高：4.7cm

此件玉翁仲以圆雕手法进行立体刻画，翁仲人物呈站立样貌，造型、用刀均十分简洁。人物头戴冠，隐可见眼、鼻、口的面庞特征，双手轻握于前，整体线条生动古朴。

074

白玉红沁辟邪

长：10.5cm 宽：4.5cm 高：4.0cm

玉料呈黄色，局部带沁与赭黄斑。辟邪作伏兽状，头前伸微侧，头顶带角，角尾分岔，四肢短而粗壮，步伐前后错落，身侧有翼，由前后两组羽翅组成。整体面部刻画生动，身躯动态昂然，尽显先人的审美情趣和典雅品位。

075

玉辟邪

长：8.5cm　宽：5.1cm　高：3.5cm

玉料青白色，局部有深褐色沁斑。辟邪昂首挺胸，张口露齿，腹侧有羽翅，直目前视，作捕物前的爬行状。玉质莹润，包浆熟旧，保存基本完好。

076

玉立人

宽：3.1cm 高：8.8cm

此玉人质地润泽细腻，布满各色沁，包浆醇厚。玉人立姿，以圆雕技艺为主，结合减地浮雕与阴刻技法描绘，体型修长，斜肩细腰，双手作揖，置于腹前。

077

玉跪人

宽：2.8cm 高：4.8cm

人物跪坐，双手抚膝，面部以粗阴线勾勒，发髻高耸，衣着简练，造型抽象。

078

玉人

宽：2.4cm   高：8.2cm

造型为双手环抱而立的圆雕玉人，额头宽厚饱满，鼻梁耸起，双耳微凸，五官雕琢细致。
器物整体端庄静谧，风格细致疏简。

079

玉立人

宽：2.6cm　高：7.2cm

青白玉质，人物直立，长袍曳地，双手拢袖，头部以游丝毛雕刻画须发，神态肃穆，
体现出人物玉雕的写实倾向。

080

白玉蝉

长：7.3cm 宽：3.6cm

此蝉以白玉为材，玉质上佳，表面带灰皮。蝉体呈菱形，头部微凸，双目外鼓，宽颈细尾，中脊较厚，背部以粗阴线琢对称双翼，腹面上部均以简洁有力的短线为蝉之口器。玉蝉线条简练，粗犷有力，表面平滑光亮，边沿棱角锋利。

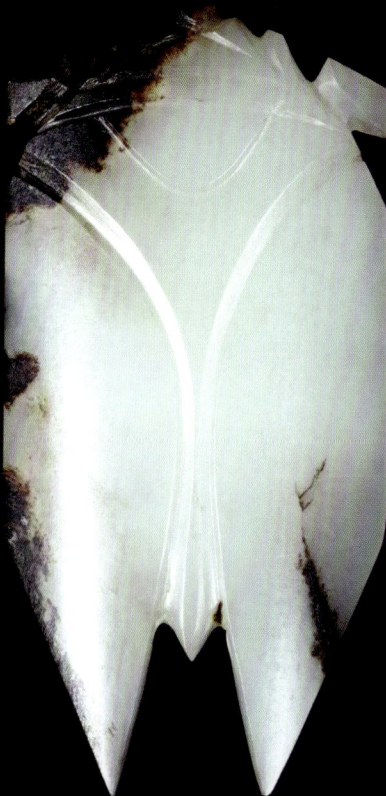

玉神人面饰

高：6.0cm 直径：2.6cm

玉雕人面、人首最早见于新石器时代的石家河文化，有学者认为，史前的一些玉人面和良渚文化玉器上的"神徽"，不是神人像而是巫觋像，是巫觋通神时佩戴用的，是"以玉事神"的体现。整体造型凝练，纹饰简约，包浆醇厚，使自然天趣与沉厚古韵交相辉映，具有极高的艺术价值。

082

玉舞人

宽：2.3cm　高：5.4cm

舞人姿态婀娜，长袖飘逸，裙裾层叠，以简洁阴线刻画衣纹。玉质受沁呈灰白交融之色，舞者身形修长，动态轻盈，似定格楚舞瞬间。

083

玉鹰形饰

长：1.7cm 宽：1.6cm 高：2.8cm

鹰形饰敛翅昂首，喙部圆润，羽翅以平行阴线表现层次，爪部收于腹下。沁色如墨晕染，强化立体感，鹰眼炯炯，尽显猛禽神采。

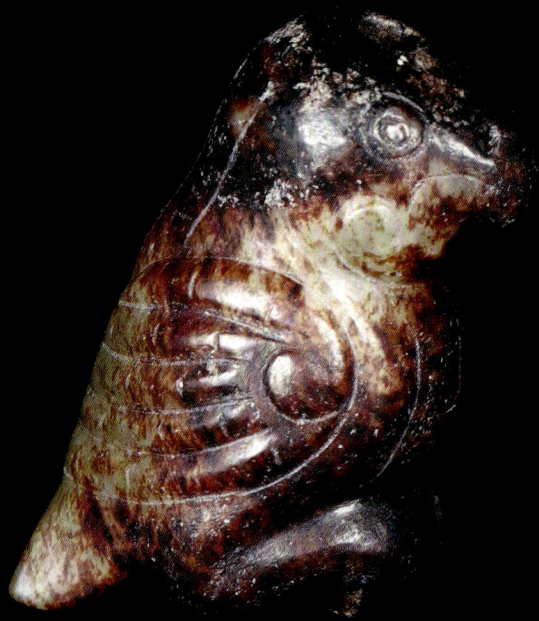

084

白玉太狮少狮把件

长：8.3cm　宽：5.8cm　高：6.3cm

太狮、少狮是中国传统吉祥题材，寓意子嗣昌盛，常被借以象征古代"太师""少师"之职，两者都是辅弼皇帝为政的高官，故太狮、少狮题材和作品亦寓意世代高官厚禄。

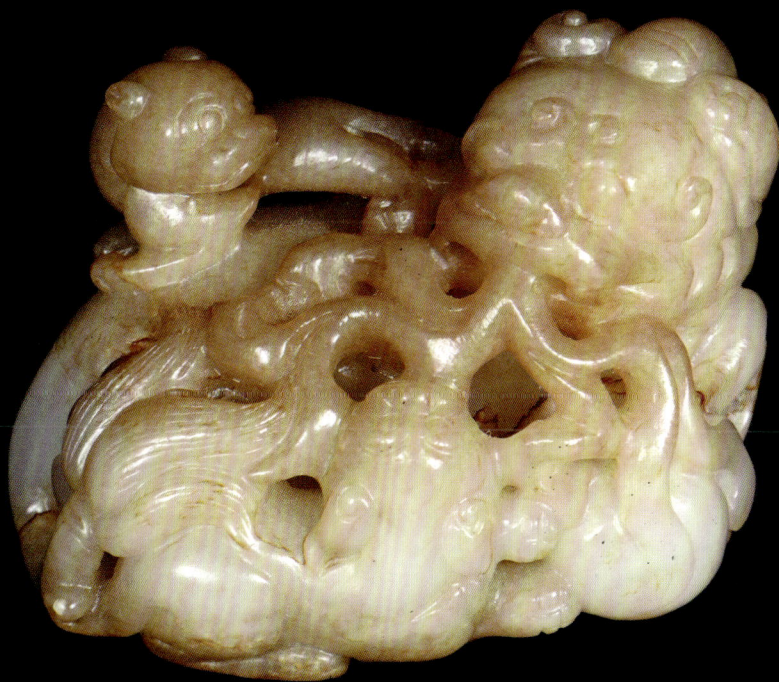

085

白玉梅枝纹赏瓶

长：7.2cm 宽：3.2cm 高：18.0cm

白玉瓶色若凝脂，油润细腻。玉瓶集浮
雕、圆雕、镂雕于一身，梅花花枝左右
以高浮雕的手法上下延伸，枝条弯折有
度，瓶身处有喜鹊站立在枝头，可谓动
静相宜。

白玉梅枝纹赏瓶

086

玉三足匜

高：3.7cm 口径：8.8cm

三足匜玉受沁，带柄，三蹄足，器壁匀薄，为玉酒器珍品，兼具实用与礼仪功能。

087

卷云纹玉琮

高：4.0cm 直径：2.4cm

玉琮外方内圆，四面浅浮雕卷云纹，线条流畅如云雾缭绕。青玉受沁处泛灰白，棱角分明，纹饰抽象神秘。

088

玉勺

长：10.0cm 宽：2.2cm

青玉勺身修长，勺头作蕉叶形，柄部渐收束腰。柄头作龙首，通体光素无纹，打磨如镜，展现大巧若拙的美学理念。

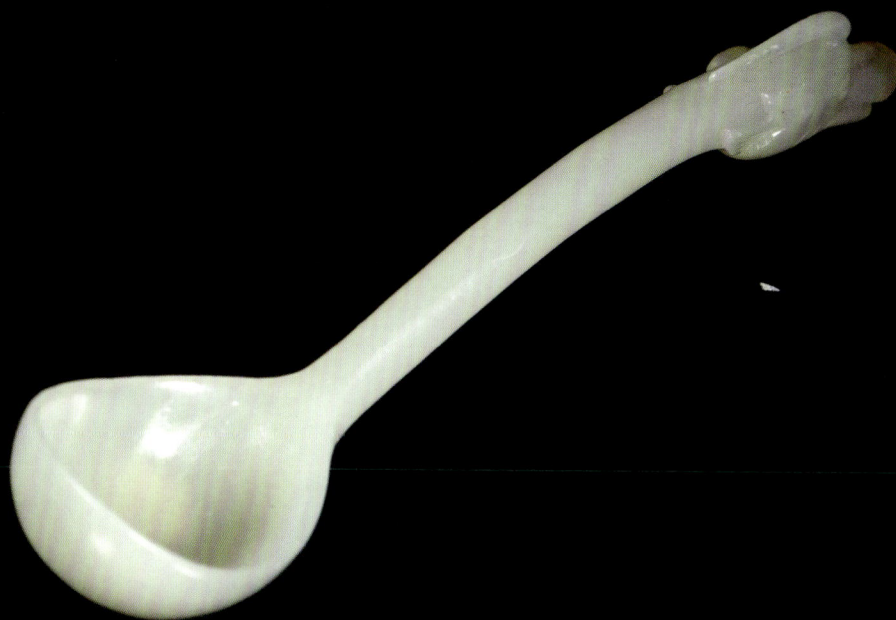

089

白玉云龙纹杯

高：4.00cm 口径：5.35cm

白玉质地晶莹，微有绺痕，略泛黄色，圆形杯口，深腹微束腰，
有圈足，外壁上下各有一条弦纹，弦纹与弦纹间满饰连云龙纹。

090

玉制舍利罐一组六件

尺寸不一

黄玉带绺裂，仿古沁，掏膛薄如蛋壳，有仿痕都斯坦玉器佛教仪轨特征。

091

玉带钩

长：8.6cm　宽：1.7cm

带钩白玉材质雕琢，表面多带有沁色，整体修长。钩首浮雕龙首造型，带钩背部光素无纹，扁圆形钮打磨光滑。整器线条流畅，简洁传神。

092

线刻人物故事图套章一组七枚

尺寸不一

此套章共七枚，应是吴昌硕晚年所刻，印章从大到小，形象地概括了吴昌硕的艺术生命历程。

093

玉团龙

长：5.0cm　宽：4.7cm

玉质温润细腻，表面可见自然沁色，呈黄褐斑驳，古意盎然。团龙造型圆融饱满，龙身盘曲成环，龙首双目圆睁，须发飘逸，爪牙犀利，整体线条流畅，彰显了古代玉雕雄浑大气之风。

094

龟钮印

长：2.6cm　宽：2.6cm　高：2.4cm

这件龟钮印雕刻细腻，龟的形态栩栩如生，整体小巧精致。龟钮象征着长寿与稳重。

095

玉穿带印

长：1.8cm　宽：1.8cm　高：1.0cm

印体为扁平方形，顶部有穿孔，印面阴刻篆文。四侧面光素，边棱挺直，通体打磨精细。
器型小巧规整，兼具佩饰与实用功能。

096

白玉鸡心佩

长：4.5cm 宽：3.1cm 高：1.4cm

玉佩采用和田青玉制成，质地缜密，色泽深沉。环体出廓，孔璧打磨精细，呈现了古代玉器"如琢如磨"的工艺高度。

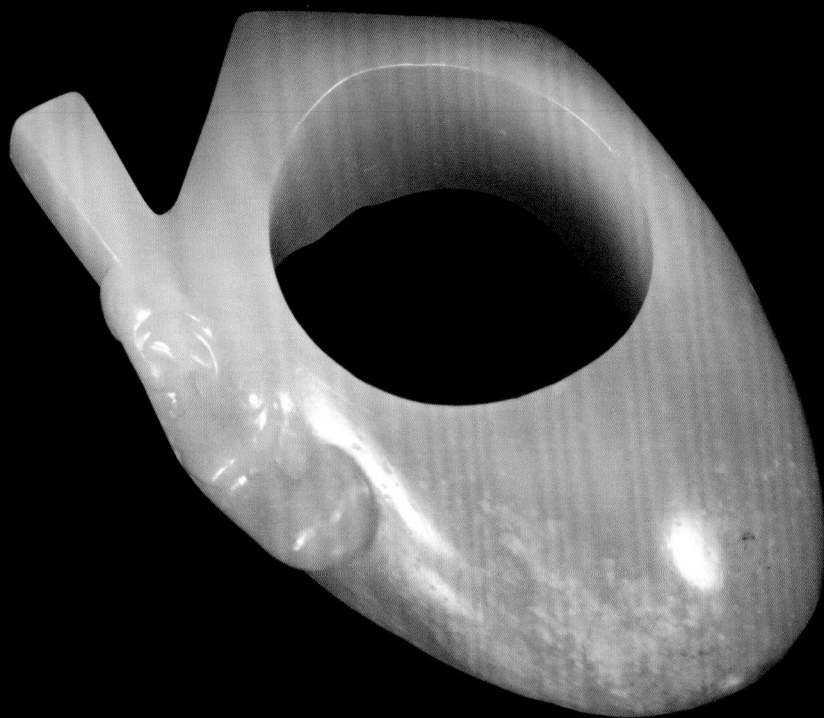

097

白玉螭龙纹方勒

长：2.2cm　宽：1.1cm　高：4.9cm

长方勒为白玉质，沁色沉稳，光泽细腻。勒身浮雕一条螭龙，雕工细腻饱满。

098

玉五铢钱形饰成对

直径：3.0cm

灰白玉质，圆形方孔，边缘阴刻弦纹，一面模印"五铢"篆字，为葬玉中罕见钱币形制，寓意财富通神。

099

玉虎形饰

长：6.3cm 宽：2.8cm

猛虎呈片状，弓背欲扑，尾如钢鞭卷曲。黄玉满布灰白沁，用断续砣痕表现斑纹。

100

清玉八方水盂

长：9.0cm 宽：6.7cm 高：2.5cm

青玉掏膛规整，外壁八面浅刻如意头纹融合几何美学与文人意趣。抛光精细呈玻璃光，棱角分明，体现乾隆时期的特征。

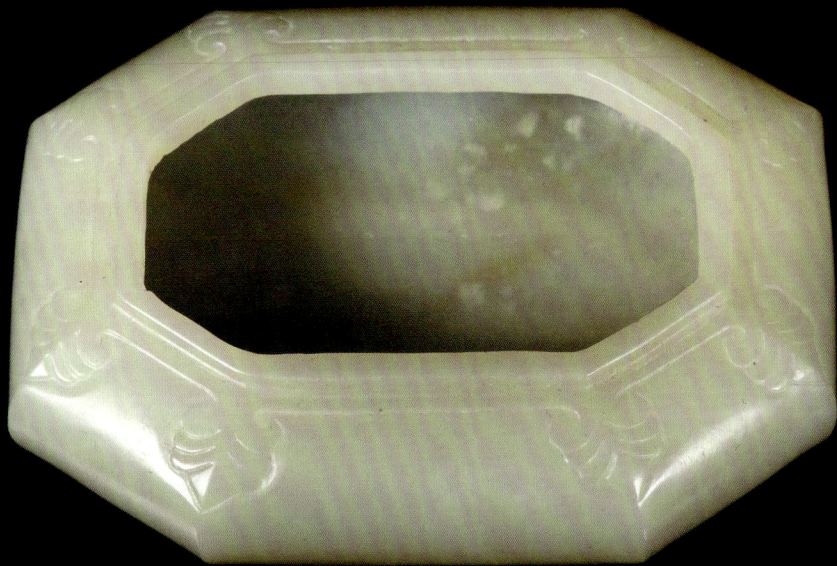

101

玉菊瓣纹水盂

高：2.1cm 口径：5.3cm

白玉雕菊瓣形盂，内壁掏膛细腻平滑。菊瓣尖部起棱线，底承叶形托，清中期痕都斯坦风格，受伊斯兰玉器影响。

102

玉杯

高：10.1cm 口径：4.6cm

据《汉书》等古文献记载，此类玉杯的功能是为盛接露水，用以服食玉屑以求成仙，故有"甘露杯"一称。在这样特殊的思想背景下，此类玉杯属高级贵族用器。本品全器比例优美，料取黄玉，局部受沁，杯直口，腹下渐敛，杯柄有两圈凸棱，近足处渐敞，是为高足。

103

玉凸雕佛形供杯

高：7.0cm 口径：7.7cm

此杯由白玉雕琢而成，玉质细腻莹润。杯身外壁凸雕佛像，面容祥和，双目微闭，嘴角含笑，仿佛沉浸在禅定之中。供杯造型端庄，雕工精巧，古色古香。

104

螭龙灯盏

长：8.0cm　宽：4.5cm　高：12.7cm

螭龙盘绕成盏托，龙尾扬起承托灯盘，尾部镂空作支架，爪部压地隐起关节。灯盏青玉质，通体灰皮，实用功能与神话意象完美统一。

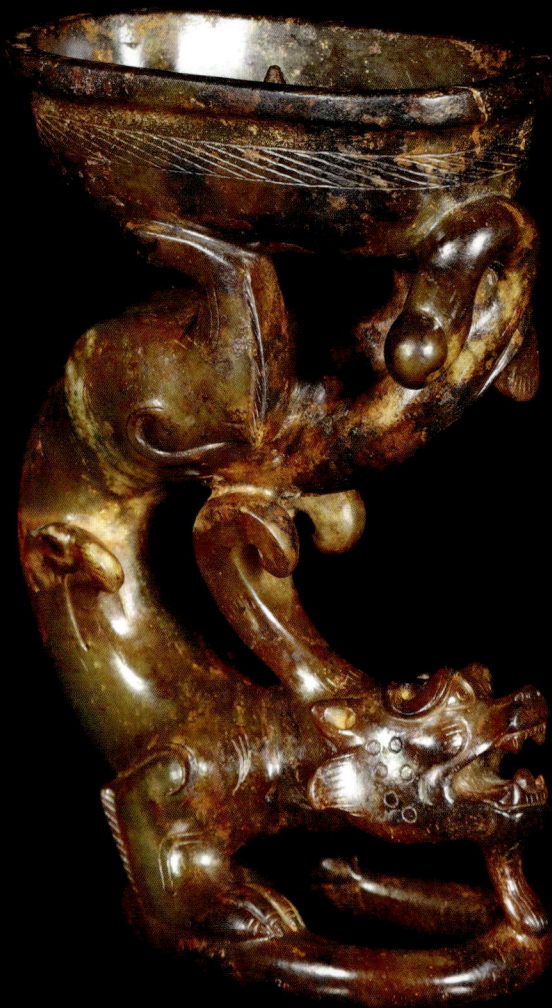

105

小玉佛

宽：4.7cm 高：8.5cm

玉质温润细腻，受沁后表面呈现沁色，更添古朴沧桑之感。佛像呈坐姿，衣纹流畅自然，面容慈祥宁静，双目微闭，嘴角含笑，仿佛在俯视众生。雕刻技艺精湛，线条简洁有力，将佛像的面部表情、衣纹褶皱等细节都刻画得栩栩如生。

106

白玉释迦佛

宽：5.0cm 高：7.9cm

佛陀结跏趺坐，螺发高髻，手施合十印。白玉莹润无瑕，袈裟衣褶以压地隐起法表现，
为清中期宫廷造像风格，融合了汉藏佛教艺术精髓。

107

白玉度母坐像

宽：8.6cm   高：11.1cm

该尊白玉度母造像脸型俊秀圆满，神情端丽，头部略微右倾，头戴宝冠，耳饰大环，衣褶飘洒自如，造型洗练，品相完美，巧夺天工，艺美绝伦。

108

玉佛首

宽：5.6cm　高：6.3cm

佛首为白玉所制，玉质润洁细腻，面形椭圆，眼眉细长，直鼻厚唇，面容秀美端庄，
螺髻饱满高耸。

109

白玉黄财神像配碧玉禅坐

宽：10.5cm 高：16.8cm

佛陀坐于莲台，左手抱一鼠，右手施印。衣褶如水波纹流淌，是世俗化的佛教造像，兼具供奉与实用功能。

110

镂雕玉环

直径：10.1cm

白玉质地纯净如脂，光泽莹润。佩身呈环形，边缘透雕，形制典雅。孔道打磨圆滑，兼具佩戴功能与艺术性。

111

药师佛

长：6.1cm 宽：3.1cm 高：9.2cm

玉质温润细腻，色泽柔和，表面光洁莹润，呈现出一种柔和的光泽。佛像呈结跏趺坐姿，双手交叠托药草，衣纹流畅自然，面容慈祥宁静，双目微闭，嘴角含笑。造型端庄肃穆，雕工精细入微，展现出药师佛的慈悲与庄严。

112

玉神人饰

宽：3.2cm 高：6.8cm

器物为独立的玉神人造型，身形雕琢简略有神，呈双手半举环抱的站立姿态，腹部有两孔，可穿绳佩戴。整体雕琢简洁，神情静谧沉稳又不失生动可人。

113

玉文殊菩萨像

长：22.3cm　宽：6.8cm　高：16.8cm

文殊菩萨顶结五髻、端坐于威猛的青狮之上，端庄祥和的青
狮威猛霸气，造型夸张，雕工细腻流畅，巧夺天工，十分难得。
菩萨常以狮子为坐骑，以狮吼威风震慑魔怨，表示智慧威猛
无比；以莲花为台座，代表清净无染。

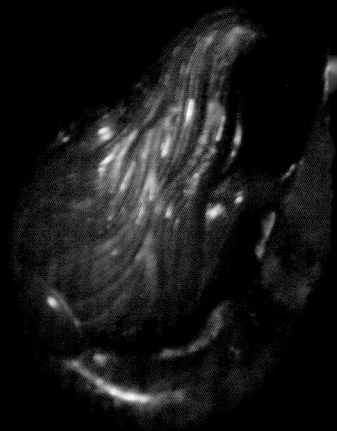

白玉迦楼罗

长：3.9cm　宽：1.5cm　高：4.6cm

人面鸟身神祇双爪擒蛇，背生火焰纹羽翼。玉质通透带水波纹，反映出佛教密宗艺术东传的特征。

115

玉跪坐人

宽：3.8cm　高：7.3cm

黄玉质地，细腻有光泽。圆雕踞坐人俑，双膝跪于地，头部饰一道绞丝纹。玉人面部刻画精细，着交领大衣，双手拱于胸前。背部浅浮雕云纹，造型小巧生动。

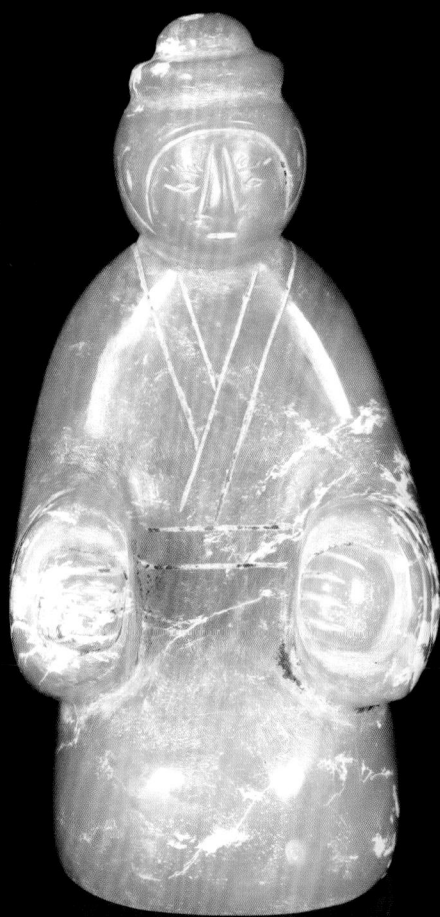

116

玉仙人骑马

长：7.7cm 宽：2.5cm 高：5.5cm

通身受沁，其造型主体是一仙人骑在奔马上。仙人神态自若，头微仰，奔马体形雄壮，琢玉工艺高超，通体圆润。此件虽形体不大，但造型威武雄壮。

117

玉雕山水纹执壶

长：15.0cm 宽：4.1cm 高：12.8cm

壶为白玉质。壶体方圆形，阔腹，圈足。壶盖雕兽钮，器两面凸雕山水纹，流柄皆有高浮雕纹饰，精美繁复，雕工细致。

118

碧玉嵌白玉三镶如意

长：51.0cm 宽：11.6cm 高：6.6cm

如意是代表吉祥的一种器物，明清两代是如意发展的鼎盛时期。清代宫廷中，如意被广泛运用于装饰和陈设，表示不同地位和等级，也常常作为馈赠、赏赐的礼物。此件是三镶式如意，碧玉柄，首、身、尾镶白玉璧。玉质洁白细润，打磨光滑。首、中、尾部分别浮雕花卉纹，纹饰精美，雕工细致，古色古香。

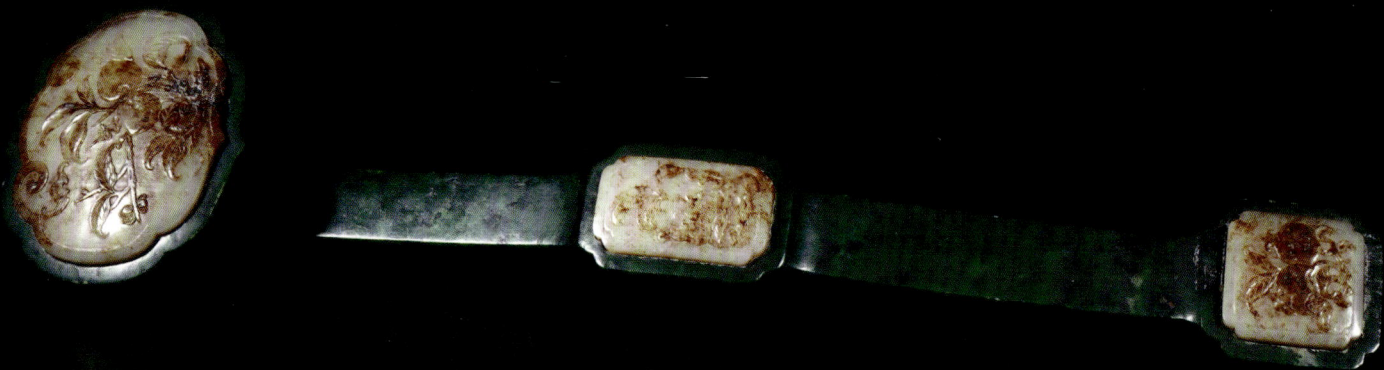

119

玉勺

长：13.6cm 宽：2.8cm

勺体修长，勺面光素，器壁匀薄，为古代贵族宴饮用具，兼具实用性与礼仪性。

120

玉勺

长：8.5cm 宽：3.1cm

勺柄雕刻成螭龙造型，螭龙身躯蜿蜒曲折，四肢矫健有力，龙首昂起，双目圆睁，
张口露齿，栩栩如生，充满动感。勺体呈椭圆形，边缘光滑圆润，与螭龙柄相得益彰。
玉质温润细腻，古朴典雅，线条优美自然，将螭龙的鳞片、鬃毛、爪牙等细节都刻
画得栩栩如生。

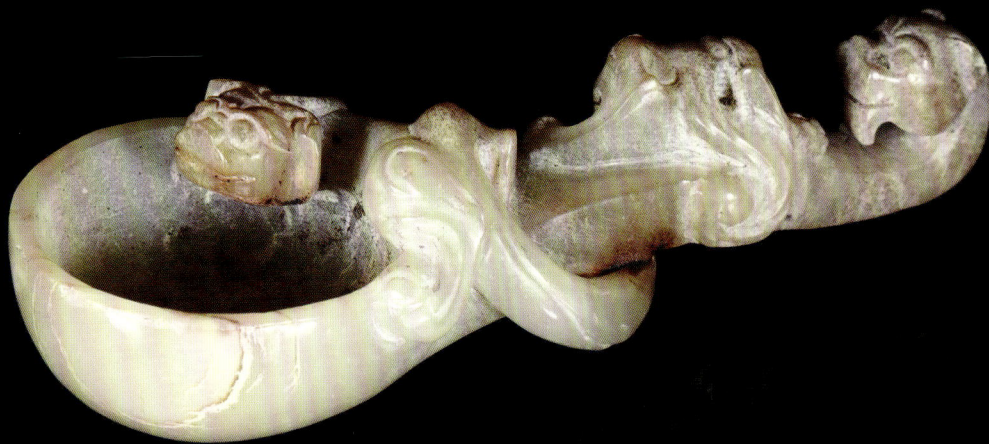

121

玉三足卮

高：9.6cm 口径：8.9cm

卮体由一整块原料琢制，器形端正，有中环及下部三足，配有盖。盖面及器身满工阴刻纹饰，线条流畅，工艺精美。

122

武士

宽：4.0cm 高：5.1cm

武士戴胄持戟，青玉质带褐沁，铠甲上纹饰明显。武士面部表情威严，双目平视前方。以镂雕技法刻画飘带，临风舞动，武士肃杀勇猛之姿立现。

123

玉太阳神人像

宽：5cm 高：13cm

玉质温润细腻，色泽柔和．神人面部刻画简洁，头顶装饰有放射状的两角，象征着
太阳的光芒，四肢纤细，雕刻技艺精湛，刀法简洁有力，线条流畅自然，造型独特，
充满神秘色彩。

卧熊

长：4.7cm　宽：3.4cm　高：2.6cm

玉熊周身受沁，包浆自然均匀，趴伏在地，头部趴在前肢上，圆眼凸出，双耳凸起，周身不琢过多纹饰，寥寥数刀即刻画出熊后肢、尾等身体部位。整体形象憨态可掬。

125

铜嵌玉带扣

长：5.8cm 宽：3.3cm 高：1.8cm/ 长：6.3cm 宽：3.3cm 高：1.8cm

此件铜嵌玉带扣结合了金属与玉石的材质，纹饰细腻，玉质温润，造型精美，工艺复杂。

126

红木嵌玉镇纸

长：30.0cm　宽：4.8cm

镇纸，是书斋中一道亮丽的风景，也是案头上不可缺少的器物。此对镇纸以红木
为材，木质结实，纹理漂亮，包浆古朴自然。形作规整长方条状，素雅齐整。其
一面以玉镶嵌木镇之中，一扫单用木头做书镇的单调之感。

127

玉瑗

直径： 7.3cm

此玉色泽润美，玉璧整体规整大方，器形较大，内外沿均用立边为廓，满布谷纹，规整细致，形态饱满，朴实优美。

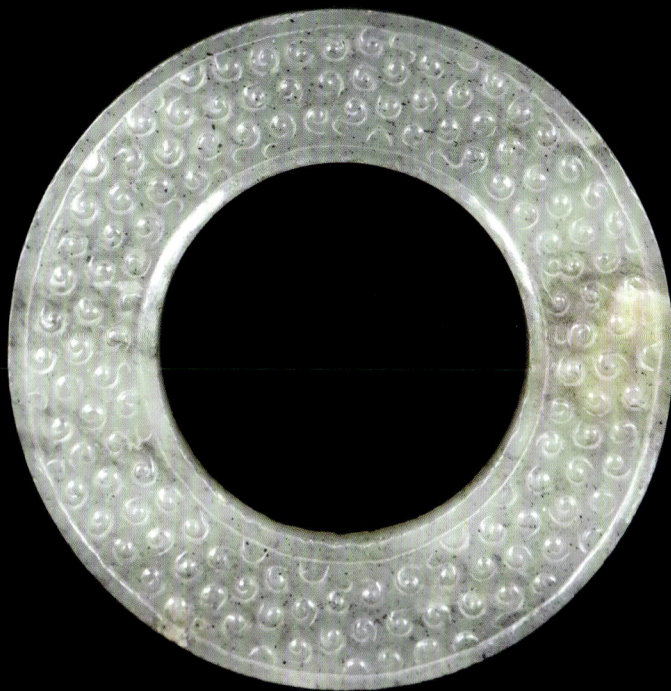

128

玉素面璧

直径：17.5cm

璧体光素无纹，边缘打磨浑圆，沁色褐黄如古铜。青玉质地细腻，孔道钻痕明显，形制硕大罕见，或为远古祭天礼器的简化形制。

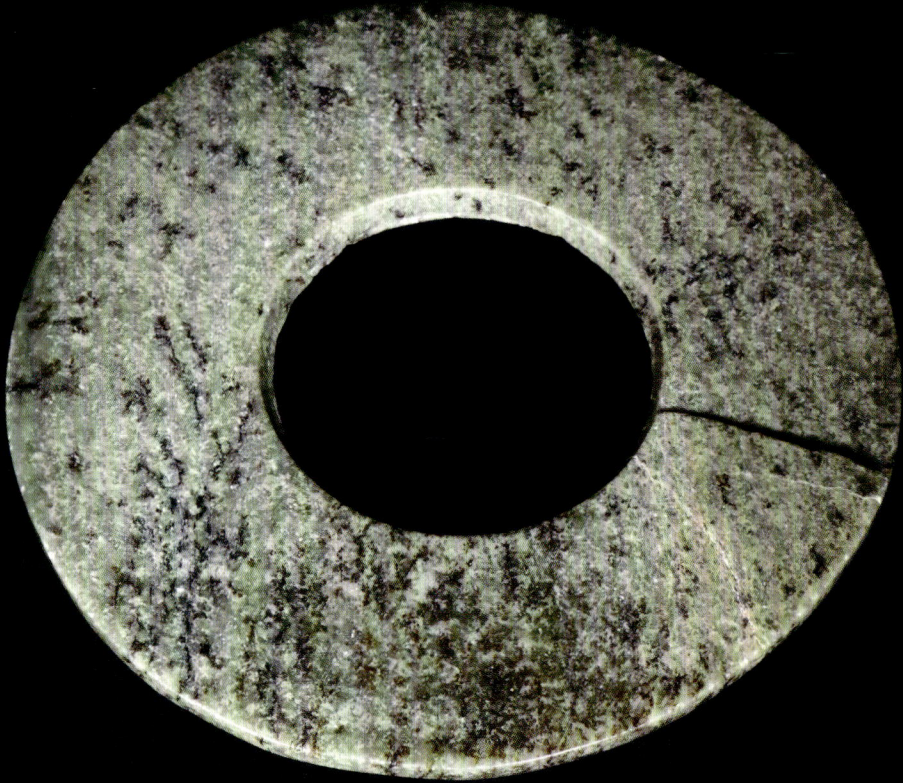

129

玉螭龙纹璧

直径： 4.8cm

璧面浅浮雕螭龙穿云，龙身扭曲呈 S 形，鬃毛飞扬。青玉受土沁呈鸡骨白，边缘打
磨圆润。

130

玉双龙纹璜

长：9.1cm　宽：3.2cm

璜体两端雕龙首，龙身满布勾连云纹。白玉受沁处泛黄，孔洞边缘磨损自然。

131

玉马首形饰

长: 5.7cm 宽: 2.8cm

玉马青玉质地，马首造型精准，双目圆睁，呈警觉状。沁色沿玉理自然晕散，颈部肌肉线条遒劲，兼具实用与礼器功能。

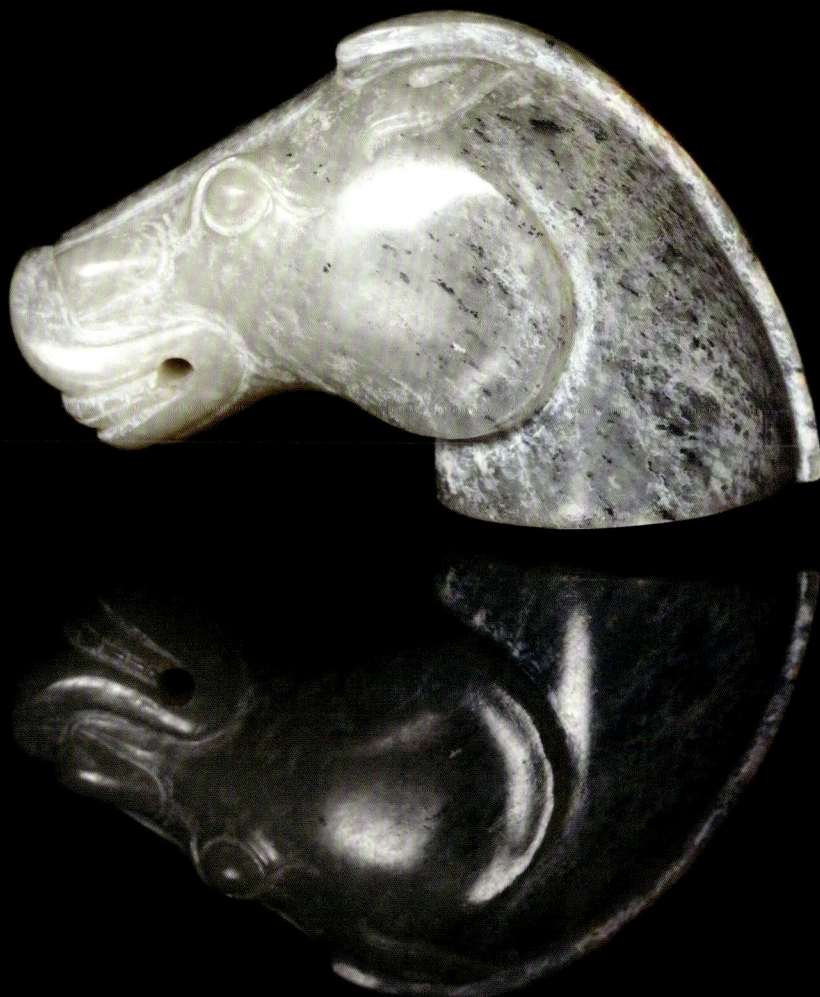

132

玉出廓璧

长：8.5cm 直径：6.8cm

玉璧形制规整，两侧对称镂雕一螭龙，玉璧装饰浮雕谷纹，谷纹精细小巧，雕琢颇为立体，出廓璧档次极高，多为君王诸侯所佩，有较高的收藏价值。

133

白玉蝉

长：5.8cm 宽：2.7cm

玉蝉玉质润白，局部微受沁。玉蝉呈扁平体，身躯厚实，双面雕工，背脊有弧度，双翼对称，翼翅上以精细之工琢刻纹理。

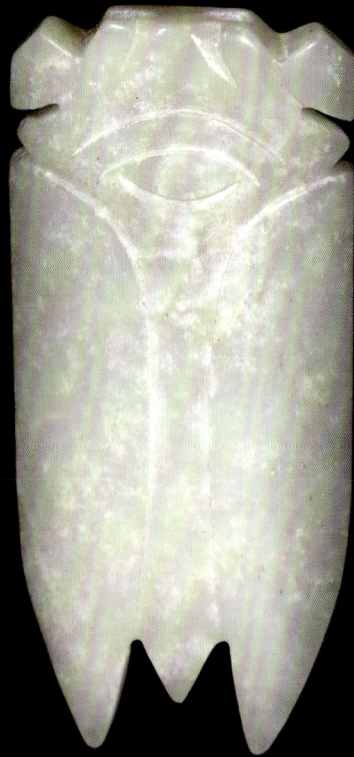

134

青玉蝉

长：5.4cm 宽：2.9cm

青玉蝉体扁平，双目凸起，双翼收拢，腹节以数道横线刻画。青玉沁色斑驳，翼部
透雕减地，线条干净利落，象征高洁永生之意 。

135

玉螭龙纹剑璏

长：12.0cm 宽：2.9cm

此件玉剑璏局部泛褐黄皮色，其表面以浅浮雕螭龙纹装饰。器背面有一矩形系带孔，便于革带穿过，可在腰带间固定剑，这是剑璏的实用功能。

136

玉龙首带钩

长：7.5cm 宽：4.9cm

青玉质，龙首较方，钩身饰勾连云纹，造型雄健，为古代贵族服饰的重要组件，象征威仪。

137

玉卷云纹剑首

直径：4.6cm

剑首圆形扁体，正面满工卷云纹，玉质灰白受沁，纹饰细密规整，背面光素带穿孔，线条流畅，体现出青铜剑玉饰的精致工艺。

138

玉剑饰一组四件套

尺寸不一

此套玉剑饰，纹饰以谷纹及兽面纹为主。玉剑饰是古代帝王、贵族用在剑上的高档装饰物和附件，多为铜剑或铁剑鞘上的饰件，通常全套为四件，分别为剑首、剑格、剑璲和剑珌。

139

"司马将军令"虎符

长：4.4cm 宽：2.5cm 高：1.6cm

黄玉带血沁，咬合处榫卯精密，仿战国兵符形制，象征军事权威。

140

玉虎形饰

长：9.3cm 宽：2.6cm

玉虎形饰，片状佩饰，玉质青黄。虎作行走状，张口露齿，尾上卷，身饰双勾云雷纹，边缘出脊，彰显"折铁线"刀工之凌厉。

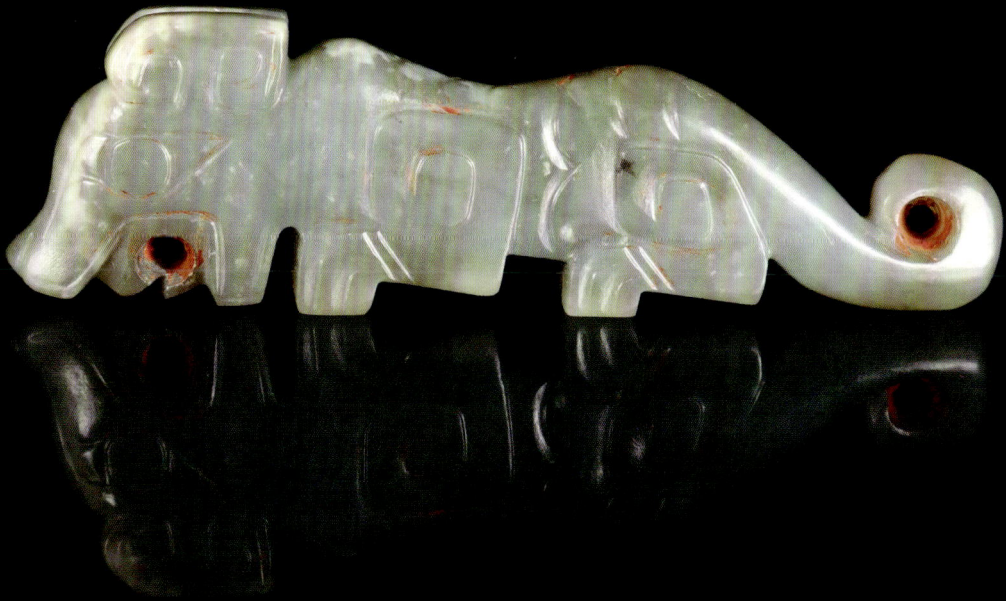

141

玛瑙竹节形串

玛瑙竹节形串，玛瑙呈半透明橙红色，竹节造型写实，节间收束自然，孔道细直，打磨光润，色泽艳丽，是上好的配饰。

142

玉猪形饰

长：6.6cm 宽：4.1cm

猪作站立状，吻部前凸，四肢粗短，背脊线犀利，造型朴拙。猪在古人眼中象征财富。

143

卷云纹玉璜

长：9.7cm 宽：2.0cm

璜体弧形，两面满饰减地卷云纹，为组佩核心构件，体现礼制规范。

144

玉六棱形卯一组两件

高：2.4cm

此对刚卯、严卯为白玉质，玉质细腻润泽，局部受红沁，沁色深入肌理，光气浑厚。铭文刻画峭拔有力，从中可见古人书法之笔意。刚卯、严卯成对出现较少，此对保存良好，实为难得。

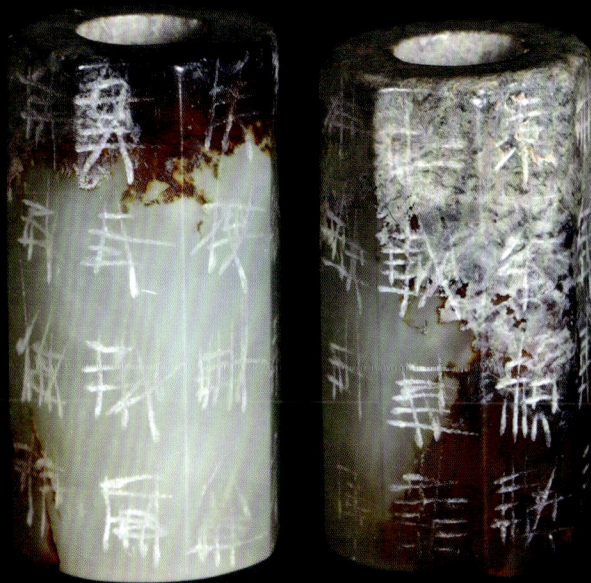

145

玉兽面形饰

长：3.7cm 宽：3.1cm

兽面饰双目圆瞪，眉弓隆起，鼻翼宽大，獠牙外露。沁色集中于五官凹陷处，凸显
狰狞威仪。兽面轮廓以减地起凸法突出，背面光素，应为组玉佩构件，具辟邪功用。

146

玉虎

长：6.5cm 宽：4.4cm 高：6.8cm

老虎呈坐卧姿回首状，突眼，宽鼻、阔嘴，张口露出锋利的牙齿。整器线条简练流畅，刀工老辣，形态生动。

147

玉鸮形饰

长：8.3cm 宽：4.7cm 高：3.0cm

玉质细腻温润，包浆浑厚。圆雕，鸮首略呈三角形，双目微微隐起，钩喙较短，双翅后收，线条简练，粗犷质朴。

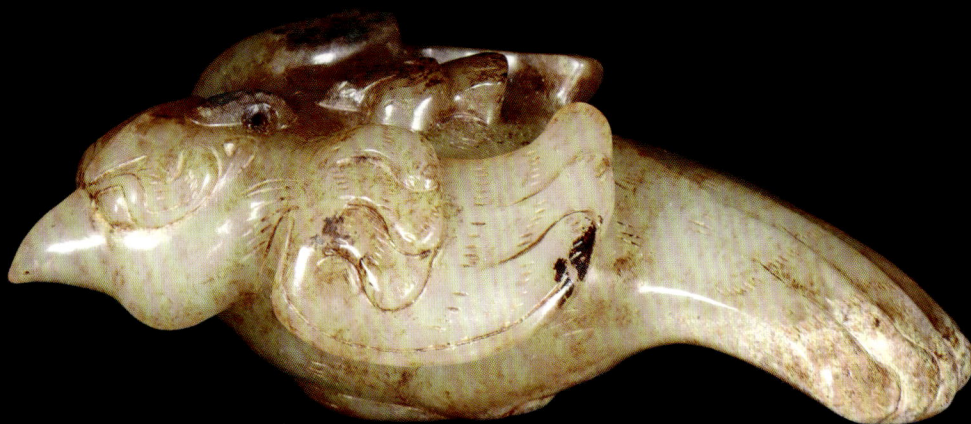

148

玉螭龙纹带扣形饰

长：9.5cm 宽：6.8cm/ 长：9.5cm 宽：6.7cm

扣身中间以素纹宽带隔饰对称卷云夔纹。带扣整体做工精细，机关扣结开合自如，制作精巧。玉质温润，光气纯熟，局部微受沁色。

149

玉凤鸟纹方饰

长：5.5cm 宽：4.2cm

方形饰板雕凤鸟展翅，尾羽层叠如云，灰白玉满布牛毛纹沁，上下两边分别有五孔、六孔，具明代仿古玉雕的吉祥寓意与装饰性作用。

150

玉鸟饰

长：5.4cm 宽：1.1cm 高：4.9cm

圆雕立鸟昂首挺胸，羽翅以平行阴线刻画，尾部上扬。青玉带钉金沁，造型抽象神秘，或为图腾崇拜遗存。

151

玉卷尾龙

长：3.7cm　宽：3.7cm　高：3.1cm

青黄玉质，雕玦形玉龙，龙体卷曲，龙首略宽，身体向尾部渐收缩变细，头尾衔接，尾尖内卷。

152

双螭玉璧

长：5.6cm 宽：4.9cm

青玉质地，璧面透雕双螭盘绕，螭身蜿蜒虬曲，尾部分叉如卷草。

153

玉双龙纹璜

长：8.8cm 宽：2.9cm

白玉璜呈长条扁平状，双面刻纹，每一面刻左右对称的龙纹，龙首上卷，双目凸出，上吻上翘，龙身蜷曲。左右双龙身体相连，龙爪前后张开，各具形态，工艺及玉质均属上乘。

154

玉凤鸟饰

长：6.5cm 宽：5.1cm 高：3.2cm

凤鸟展翅坐卧，尾羽层叠如屏。白玉带灰皮沁，羽片刻画自然，具有宫廷陈设玉雕
的华丽风格。

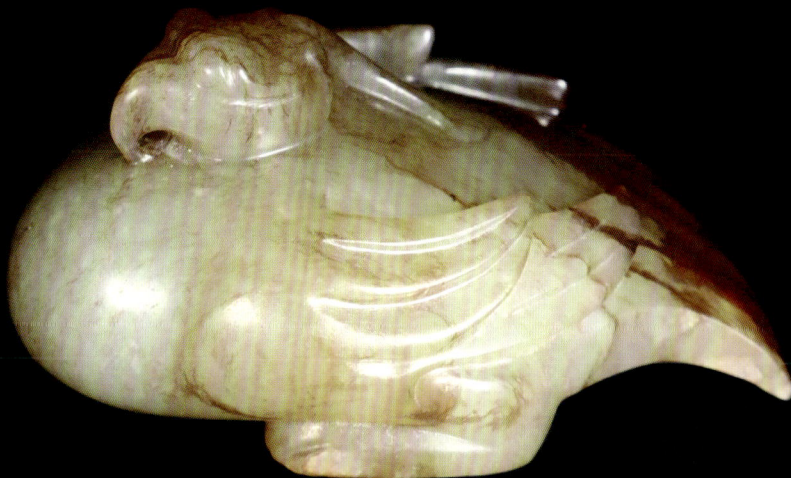

155

玉立佛香插

宽：5.2cm　高：12.3cm

此玉器工艺精细，雕刻细腻，佛像姿态端庄，衣纹线条流畅，整体造型简洁大方。方寸间凝练"玉必有工，工必有意"之精髓，玉质莹润透光，局部带金黄沁色，宛如佛光氤氲。

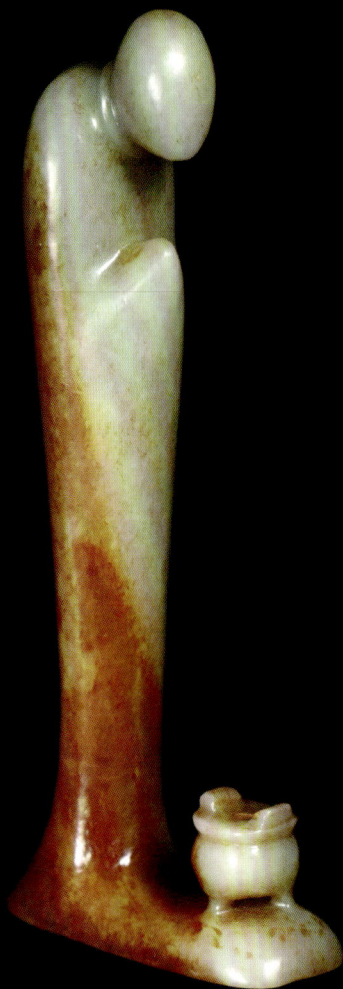

156

玉立龙

宽：5.5cm 高：5.5cm

立龙以白玉为材，玉质柔润细腻，光气纯熟。整体圆雕，呈立姿扭身回首造型，张口回首，高眉窄脸，圆凸眼，独角弯扭，鬃毛细密清晰，指爪刚劲有力。整体造型独特生动，雕工精细，风格古朴风趣。

157

玉镂空龙纹牌

长：6.6cm　宽：4.0cm

牌体透雕升龙穿云，龙鬃发前冲。白玉带板糁沁边缘倭角处理。多为贵族组玉佩构件，彰显身份等级。

158

双管形玉饰

宽：4.3cm 高：5.5cm

双管并列，表面浮雕螭龙，浅刻勾连云纹，孔道贯通。灰白玉带水银沁，两端作竹节状，或为组玉佩中冲牙与珩的组合变形。

159

玉双层环

宽：1.7cm 口径：1.7cm

大环套小环，青玉满布灰白沁，内壁管钻痕明显，形制罕见。

160

白玉螭龙纹鸡心佩

长：9.36cm　宽：4.50cm

此鸡心佩主体作鸡心状，中开圆孔。上下两端透雕，一面微凸，另一面略下凹，两侧镂刻螭龙纹，线条矫捷灵动。

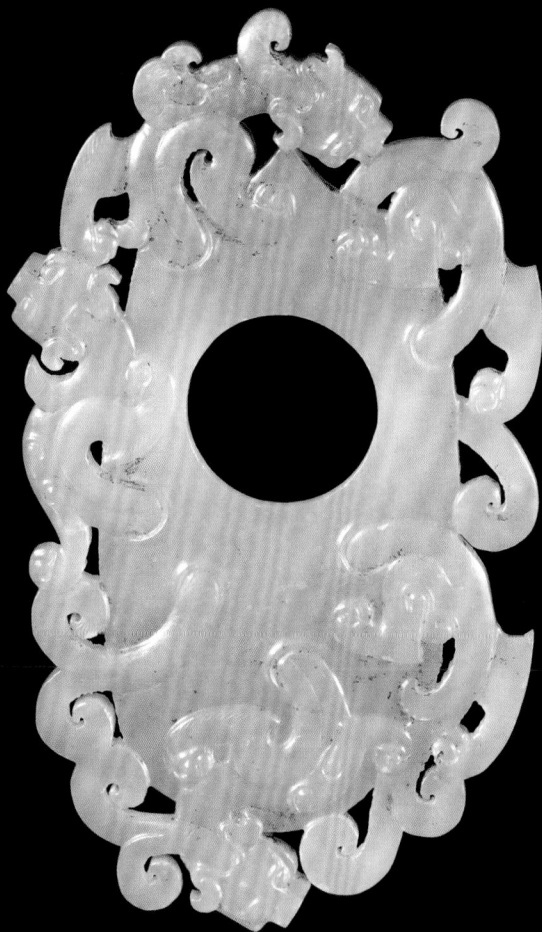

161

白玉回首鸟

长：4.9cm 宽：2.4cm 高：3.9cm

白玉圆雕，鸟形饱满丰腴，曲颈回首，翅羽纹理刻画极为精细，造型浑圆生动，手感极佳，雕琢技术精湛，掌中把玩，颇有意趣。

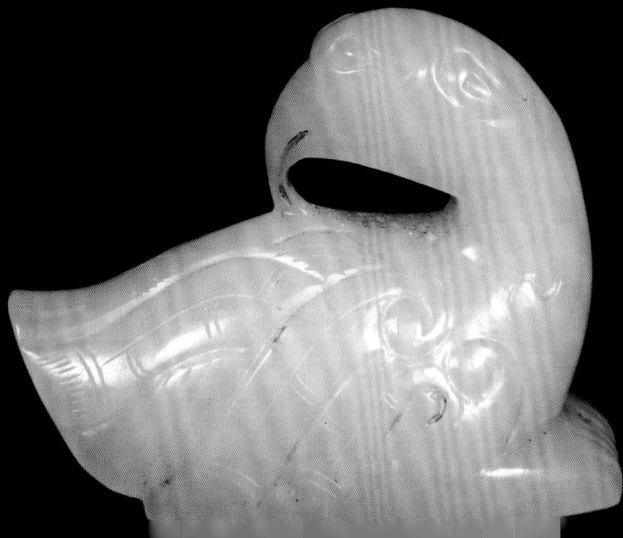

162

玉乳虎

长：6.5cm 宽：3.0cm 高：2.6cm

圆雕玉虎，局部带有褐色沁纹，质地缜密。玉虎呈卧状，四肢伏地，尾巴上翘贴体，虎身四肢健壮，全身细刻多条夹角阴线，以示花斑毛发。玉乳虎写实传神，柔中带刚，实属佳作。

163

玉凤鸟

长：8.9cm 宽：4.6cm

此件凤鸟呈俯卧姿，鸟首微垂，圆头，圆眼，尖喙，两翼舒展，以弯曲线纹饰翅膀，
勾勒出羽毛层次，形态逼真。

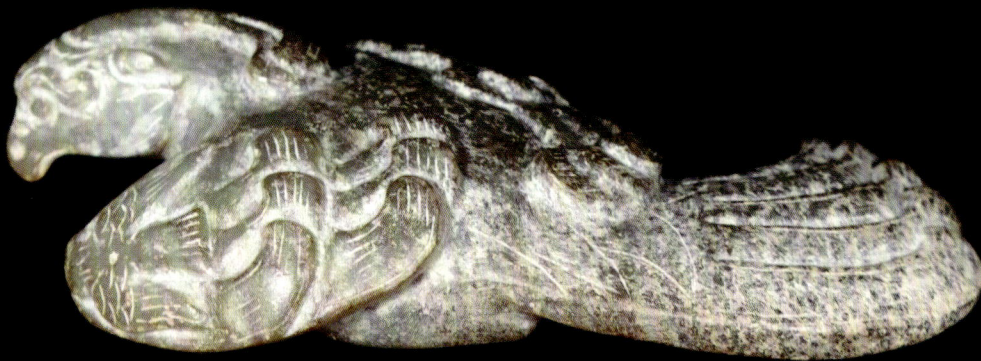

164

玉熊

长：3.8cm　宽：2.8cm　高：4.2cm

这件玉熊局部受沁，古朴精巧，栩栩如生，雕刻细腻。玉熊的造型简洁而富有力量感。

玉熊

165

玉卷云纹璜

长：13.4cm 宽：3.0cm

玉璜是古代重要的礼器，卷云纹饰象征着祥瑞与吉祥。这件玉璜造型优美，线条流畅，雕刻精细，玉质温润，古韵十足。

166

碧玉螭龙纹镯

直径：8.4cm

碧玉质，玉料熟润，作饱满圆镯之形，浮雕螭龙纹。整器造型端庄大气，纹饰雕琢传神，螭龙威武，寓意美好、吉祥，并有辟邪之意，为佩戴精品。

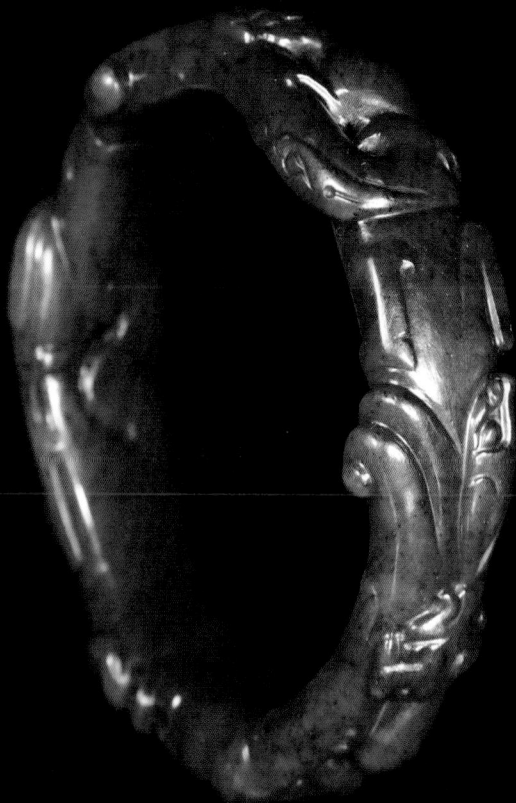

167

玉花卉纹镯

直径：8.1cm

白玉，环形器，质地白净莹润，其上刻细密花卉纹饰，工艺精美。

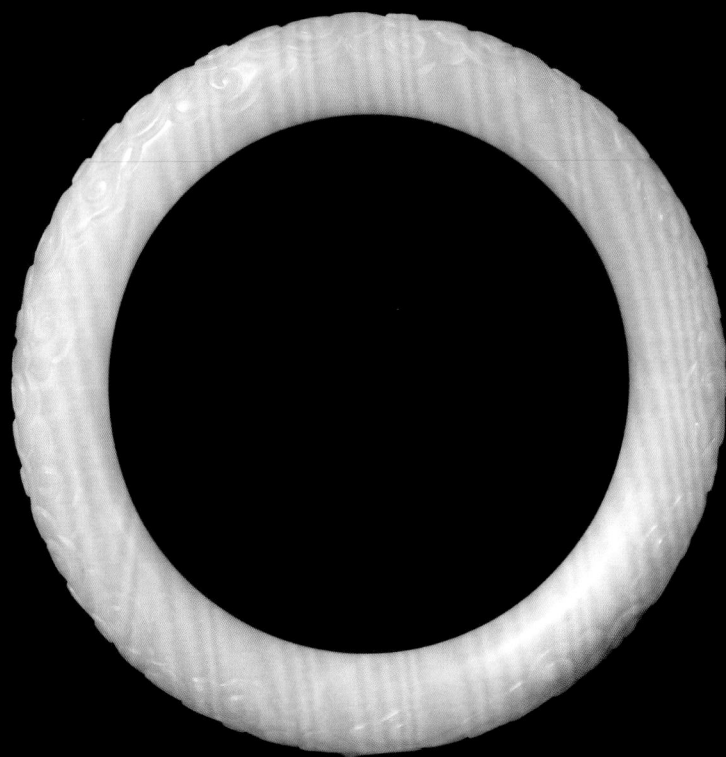

168

玉卷云纹环

直径：3.4cm 厚：1.0cm

玉环内外缘起棱，环身满布卷云纹，玉质青灰，纹饰细密如丝。玉环常见于组佩或剑饰。此件小巧精致，工艺细腻。

169

玉鸮

长：10.1cm 宽：4.6cm 高：2.3cm

此件玉鸮呈伏卧状，鸮首平视，圆头、圆眼、鼓胸、尖喙，两翼收拢，以平行线纹饰翅膀，勾勒出羽毛层次，形态逼真。

玉鸮

白玉云龙纹带饰

长：7.3cm　宽：7.3cm

带板浅浮雕五爪龙穿行云海，龙发前冲，火珠纹环绕。玉质莹润无瑕，具有典型宫廷御用器的特征。

171

带饰长方形玉饰

长：8.5cm 宽：3.3cm

玉温润，洁白细致。局部带有黄色沁斑，呈长方形。板面浅浮雕缠纹饰，布局疏密有致。

172

蝴蝶形玉佩

长：5.3cm 宽：3.6cm

动物纹玉佩，玉质纯净。两面镂雕动植物图案，正面镂雕一只蜻蜓，背面镂雕一片莲藕。蜻音同"清"，莲音同"廉"，与"清廉"谐音，蜻蜓、莲藕的形象寓意清正高洁。

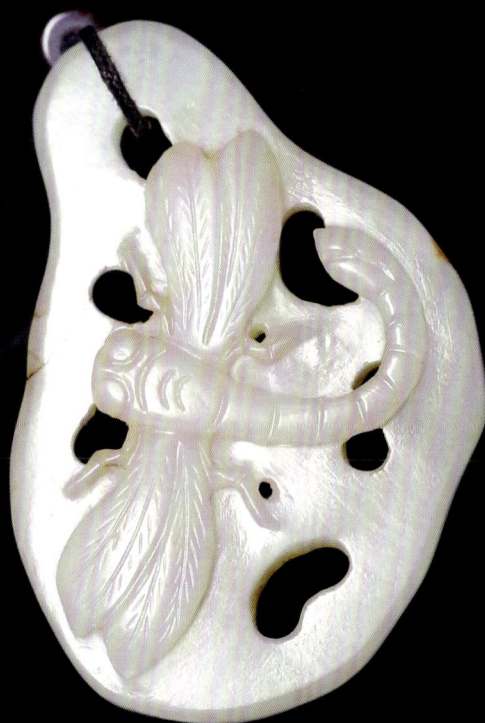

173

玉琮

高：3.7cm 口径：8cm

玉琮是古代重要的礼器。这件玉琮造型规整，雕刻精细，局部有沁色，包浆莹润。

174

玉三才环

直径：4.3cm

此环以白玉为材，玉质纯澈，白润柔滑。玉环周身光素，于两面各雕琢出双棱，将环等分成六面，为上古玉中典型的"三才环"。三才者，天、地、人。《周易·系辞》有云："有天道焉，有人道焉，有地道焉，兼三才而两之，故六。六者非它也，三才之道也。"三才环棱面的等分造型，取天、地、人之并列平等之意。

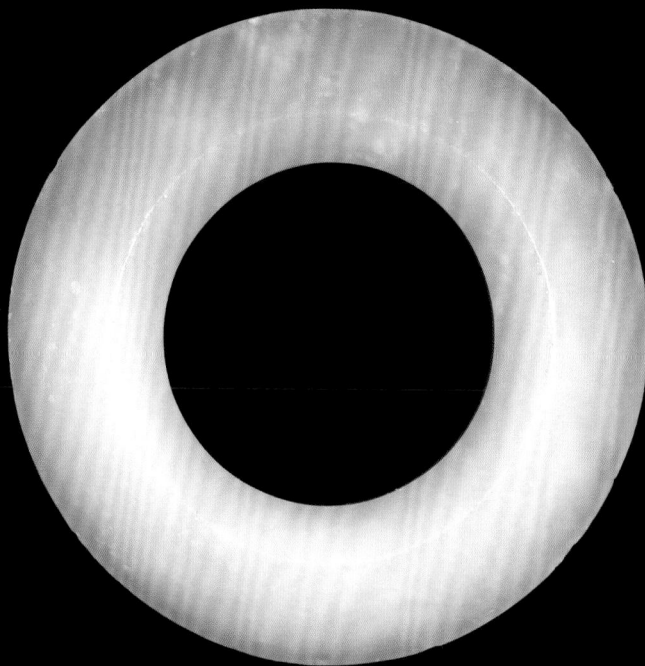

175

圆柱形勒子

高：5.9cm

长管形勒子，孔道内壁保留着原始砣痕，此勒子青玉质，通体灰皮，纹饰繁复而兼具规律，张力十足，古朴遒劲。整器造型雅致，工艺精湛，包浆熟润，沁色迷人，尽显古韵。

176

玉乳钉纹出廓双龙纹璧

高：22.4cm 直径：18.0cm

黄色玉质，局部有土褐色沁斑。出廓部分透雕双螭，造型生动，浅刻精细，璧身满饰鼓钉纹，外廓饰瑞兽纹，寓意吉祥。

177

玉虎形饰

长：7.8cm 宽：2.9cm

周代玉虎形饰，片状雕件。玉质温润，局部受沁呈黄褐色。虎作匍匐状，头部方阔，以双阴线刻画臣字眼及云纹斑纹，四肢屈收，尾部上卷，刀法刚劲抽象。

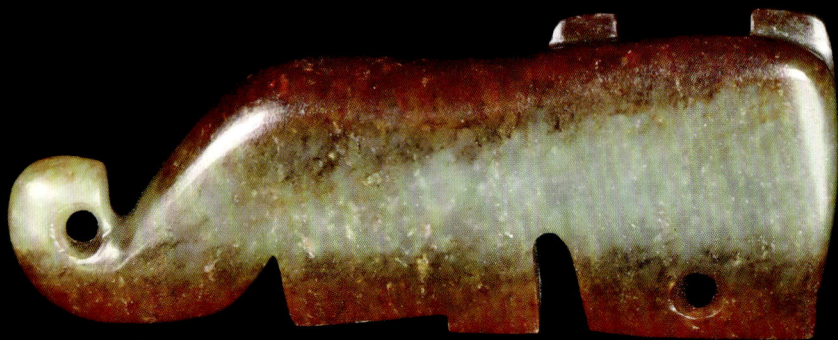

178

玉猪形饰

长：4cm　宽：1cm　高：3cm

玉猪形饰，青玉质，表面灰沁。猪呈站立状，吻部凸出，颈部对穿孔，背脊线挺拔，四肢粗短，造型朴拙。

玉卷云纹饰呈长方形，两面阴刻卷云纹，纹饰疏朗，边缘有扉棱，具有礼仪用玉的特

180

黄玉凤鸟纹璧

直径：3.8cm

黄玉质，褐沁斑驳。璧面浅浮雕凤鸟穿云纹，凤尾羽飘逸，地子碾磨精细，应为小型佩璧，工艺考究。

181

玉璜

长：10.8cm　宽：2.3cm

玉为黄色，薄片状，双面纹饰，璜形。器两面阴线刻双凤纹，璜两端各钻一孔，可穿系，
整体造型古朴大气，纹饰雕琢流畅，精致美观。

182

玉双牛形佩

长：4.7cm 宽：3cm 高：1.9cm

玉质沉郁光润，古雅柔腻，立体雕一双牛，上下相对。牛首魁梧壮硕，呈蹲卧栖息状，形象甚为可爱。

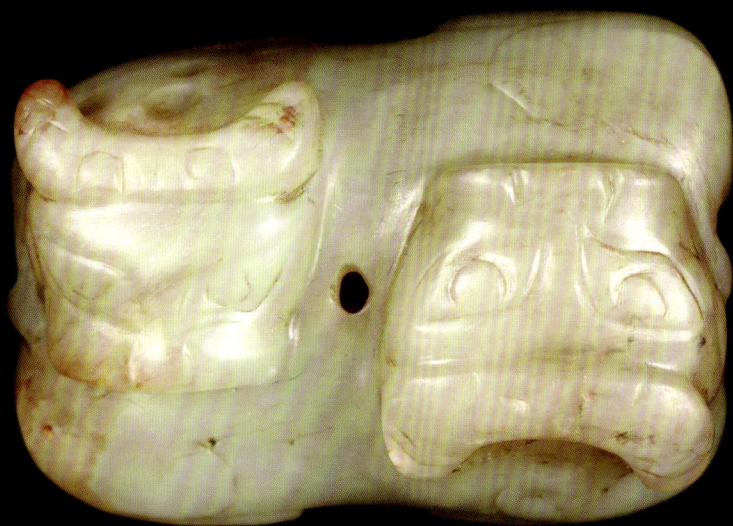

183

玉螭龙纹鸡心佩

长：8.3cm　宽：6.5cm

此鸡心佩主体作鸡心状，中开圆孔。上端尖，下端圆，四周镂刻螭龙纹，线条矫捷灵动。

184

白玉鹿衔灵芝纹带饰一组十一件

尺寸不一

白玉质，扁平长方形。正面浮雕鹿，或回首后顾，神态温驯，旁饰一灵芝。背部光素，有象鼻穿，可用于穿系。

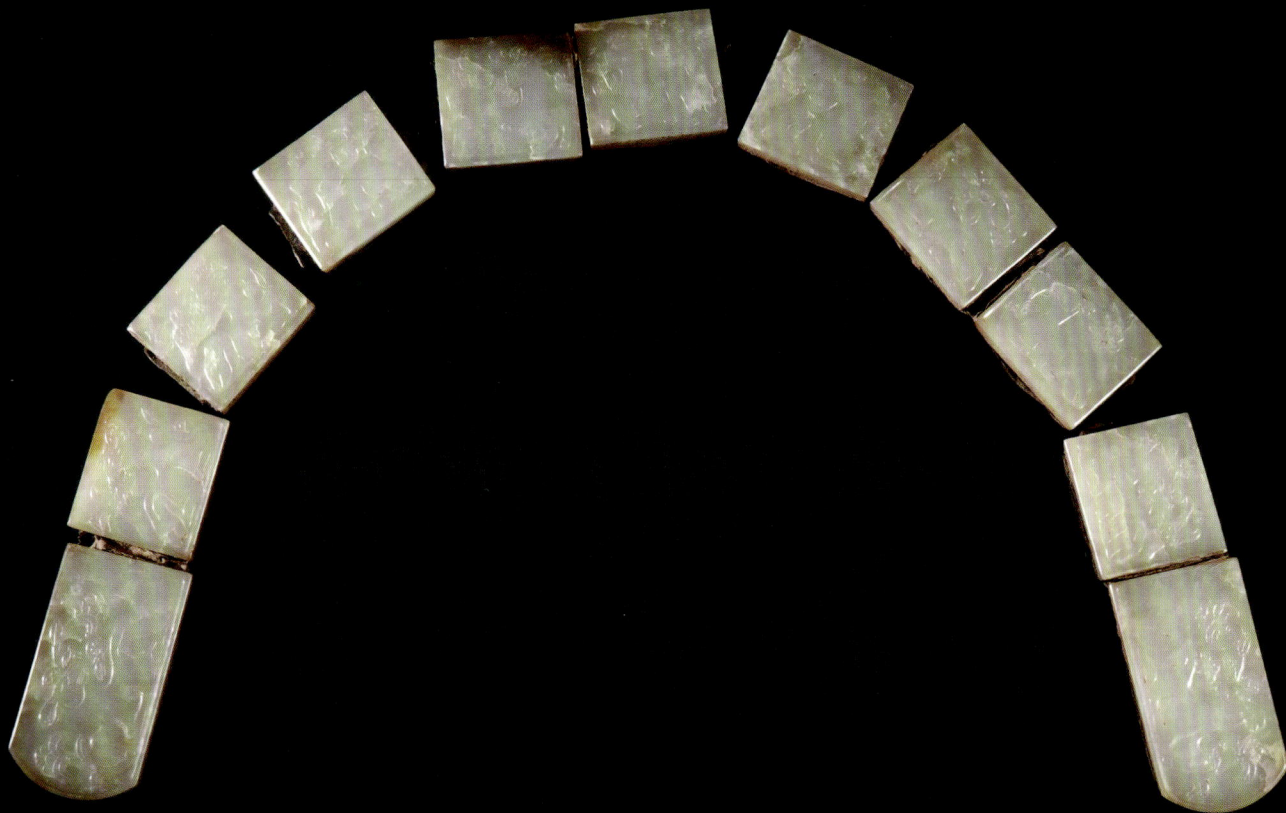

白玉鹿衔灵芝纹带饰一组十一件

185

青玉缠枝花叶纹带饰

长：8.4cm 宽：6.6cm

带板浮雕花卉纹，花枝缠绕，布局爽朗。玉质深青带墨点，边缘倭角处理，具有明代织锦纹样的特征，体现草原文化与汉地工艺的交融。

186

玉螭龙纹勒子

高：7.5cm

白玉质，通身带沁，沁色层次分明，玉勒呈扁柱状，两头大小不一，中有穿孔，外壁浮雕螭龙纹，身躯扭转，四肢健硕。

187

玉鱼形饰

长：6.8cm 宽：1.8cm

鱼体修长，背鳍以锯齿纹表现，腹部刻网格鳞片。灰白玉带水银沁，鱼嘴对穿孔，造型写实生动，象征鱼跃龙门的科举文化。

188

玉辅首衔环

长：10.1cm 宽：9.0cm

兽面辅首怒目獠牙，口衔活环。青玉满布水草沁，兼具门扉装饰与辟邪功用。

189

玉方形饰

长：6.0cm　宽：4.2cm

白玉质，细腻莹润，局部钙化。器物方体，一面光素无纹，另一面刻有道教题材纹饰

190

玉卷云纹勒子

高：6cm

玉卷云纹勒子，玉质青灰，表面灰皮受沁。四面均以减地法雕琢卷云纹，纹饰疏密有致，线条古朴粗放。

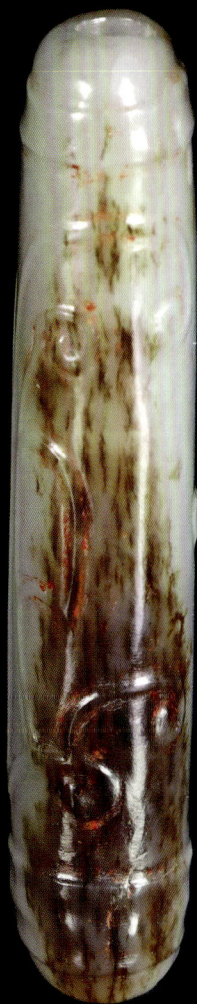

191

玉饰

直径：4.6cm

玉饰，器型似盖钮。表面阴刻纹路，中部有穿孔。

192

玉兽面形饰

宽：4.4cm 高：2.1cm

玉兽面形饰，灰白沁色，片状雕。兽面"臣"字眼，卷云角，鼻梁隆起，以双勾线
刻画细密雷纹，背面光素，应为镶嵌饰件，具典型狞厉之美。

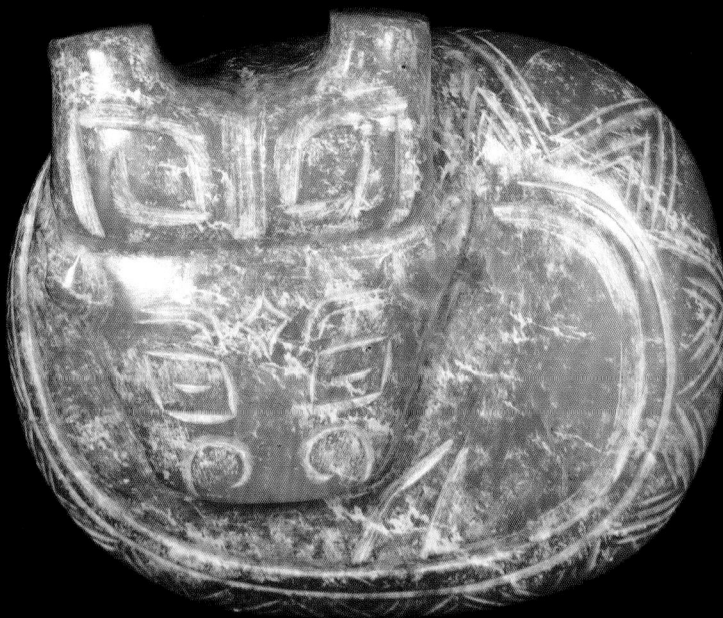

193

玉人饰件一组两件

宽：2.2cm 高：5.0cm/ 宽：2.1cm 高：3.6cm

人物或立或跪，发髻高耸，衣纹以平行阴线表现，面部模糊，可能为组佩残件，具
程式化特征。

194

兔形饰

长：3.7cm 宽：1.3cm 高：1.2cm

玉兔呈卧姿，顶部受红沁，玉质莹润细腻，圆雕造型精巧可爱，线条简练刻画生动，中部有穿孔以供佩戴。

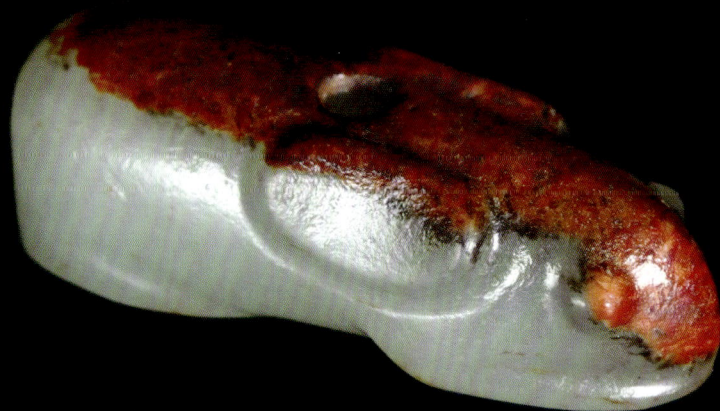

195

玉螭龙纹勒子

高:6.8cm

螭龙勒子呈圆柱状,螭龙环绕攀附,龙首方阔,鬃毛飞扬,躯干扭转有力。沁色深浅交织,孔道内壁打磨光滑,兼具佩饰与把玩功能。

196

玉鸟形饰

长：5.2cm 宽：2.8cm

凤鸟冠羽如灵芝上扬，翅尖透雕卷云纹。青玉带朱砂沁，造型象征祥瑞。

197

玉鸟形饰

长：6.9cm 宽：2.5cm

鸟形玉佩是中国传统的玉器造型之一，早在新石器时代晚期，古人就开始使用玉石制作鸟形佩，将对鸟类的敬畏和崇拜融入他们创造的器物中。鸟形不仅是一种装饰，更是信仰和追求。此件鸟形佩白玉质，扁平体，平视向前，整体以斜刀单阴线雕刻。整件玉佩雕琢精致，线条流畅，纹饰清晰，形象生动，纹饰和造型都充斥着威严、神秘的色彩，实为精品之作。

198

玉人面饰

长：7.3cm 宽：5.4cm 高：2.7cm

此器物尖下颚，双眼造型奇特；上下嘴唇凸起，玉人面多见于兴隆洼、红山、石家河等文化遗址，至商周仍有使用。该件人面神态生动，沁色深入肌理，富收藏研究价值。

199

玉鹿形饰

长: 8.4cm 宽: 4.0cm

此玉饰呈扁平状，鹿回首，头部饰分叉大角、长耳、圆眼、丰臀、短尾。整件雕工精湛，线条深浅变化协调，将鹿之温良内敛的性情和灵动鲜活的体态描摹尽出。

200

出廓玉环

直径：8.3cm

玉环整体用黄玉雕琢，玉质细腻温润，微带沁色。整体作饱满的环形，其上高浮雕蟠螭龙纹，螭目圆瞪，螭身弯曲，螭尾分叉，造型精致传神，雄壮威武。

201

镂空龙纹玉璧

直径：7.6cm

璧体透雕双龙戏珠，龙身缠绕成环，火珠刻漩涡纹。青玉带褐沁，龙鳞以细密鱼子纹表现。

202

白玉螭龙纹鸡心佩

长：10.2cm　宽：6.0cm

此鸡心佩白润细腻。器体呈长方形片状，通体透雕而成。主体近似鸡心形状，中有一圆孔，两侧镂刻螭龙纹，线条矫捷灵动。

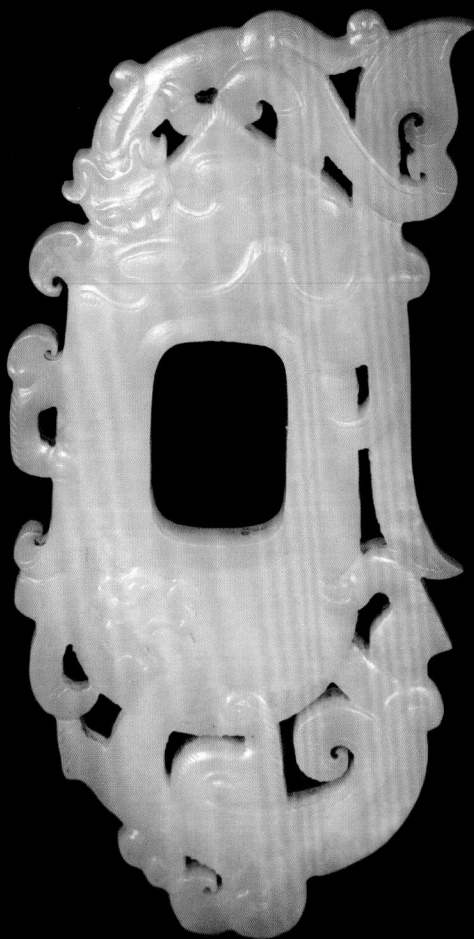

203

玉咬尾龙饰

直径：5.1cm

玉质坚实，局部受沁。整体略呈扁平环状，龙身盘旋，刻画精妙传神。咬尾龙为高古玉器中的经典器型，龙噬咬尾部，体现了古人天道往复、周而复始的观念。

204

玉钮首凤鸟饰

长：5.1cm 宽：1.6cm 高：3.3cm

凤首作钮状，长喙衔环，颈部刻鳞甲纹。青玉带钉金沁，环体可活动，工艺精湛。

205

玉虎首带钩

长：6.0cm　宽：3.4cm

钩首作虎噬羊造型，羊身蜷曲成钩钮。白玉带血沁，受少数民族文化中动物搏斗题材的影响。

206

玉谷纹剑首

直径： 4.8cm

玉受沁谷纹剑首，玉质灰白，沁色深入肌理。正面浮雕排列规整的谷纹，谷粒饱满，刀工刚健，为剑饰典型器。

207

青玉带钩

长：11.1cm 宽：6.3cm

带钩呈螭龙首造型，钩身浮雕蟠虺纹，龙首双目凸起，獠牙外露，钩钮作卷云状，彰显贵族威仪。

208

白玉带钩

长：9.2cm 宽：2.2cm

钩首作龙首状，钩身浮雕螭龙纹。玉质熟润带桂花沁。

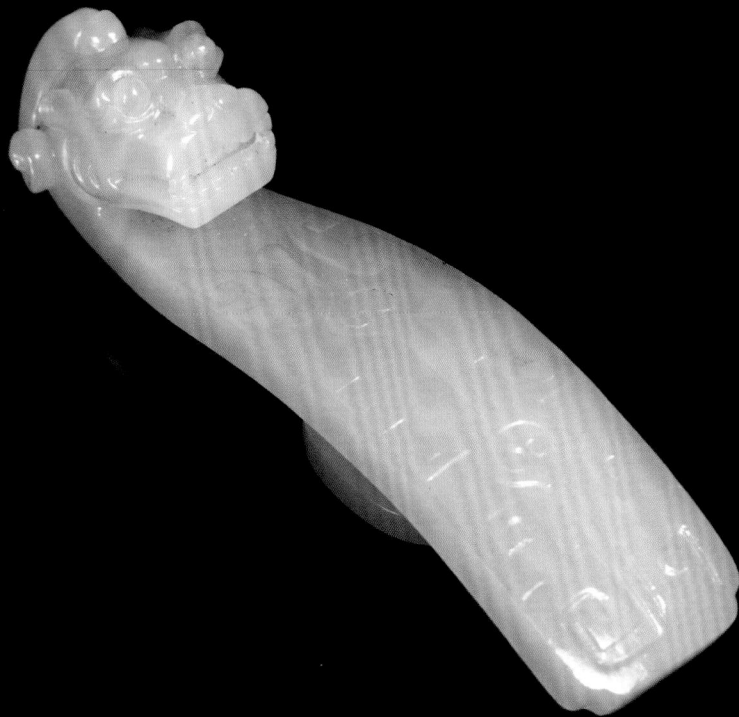

209

龙首带钩

长：13.0cm　宽：1.5cm

带钩，首雕龙纹饰。腹上光素无纹饰，腹下中部雕一椭圆扣钮。玉质滋润，沁色自然，造型典雅简洁，线条流畅，古韵十足。

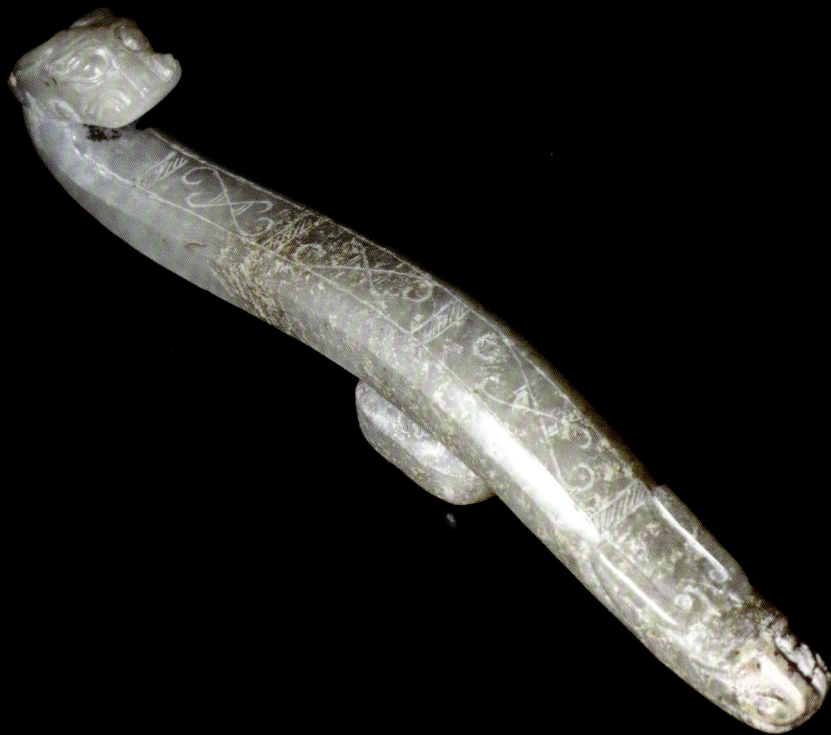

210

玉龙首带钩

长： 14.6cm　**宽：** 2.8cm

呈长条形，圆雕龙首为钩，蚕眉环眼，阔鼻方口，三角耳，颈部龙鬣整齐粗壮，钩体正面镂雕一条幼龙，四爪着地，撑起身体，龙首微侧，龙须着地，与钩首龙头相背。带钩是束腰皮带的挂钩，古又称犀比。

211

八节铁芯带钩

长：23.2cm 宽：3.2cm

白玉，背部弯拱，通体圆雕，钩首为龙头，瘦瘦长长，钩尾为虎头，细致地雕刻出老虎形态。带钩是古人的服饰用具，用以钩系束腰的革带，或作为衣襟上的扣钩等。

212

各式串饰

尺寸不一

包含管珠、司南佩、刚卯等组件，玉质斑驳多彩。孔道磨损自然，组合方式反映出玉德观念与辟邪需求。

213

玉组佩一组四件

尺寸不一

组佩为白玉质，大部分受沁钙化，包浆厚重。一组四件，形制不同，保存完整。

214

玉龙纹方佩

长：3.1cm

方形佩面饰减地浮雕螭龙纹，纹饰蜿蜒，刀工犀利。

215

玉乳牛形饰

长：3.5cm　宽：2.3cm　高：1.4cm

此牛作伏卧状，牛首较长阔，以阴线起阳手法雕刻出牛角，凸嘴，耳部附于两侧，顶留有穿孔。

216

玉凤穿花绦饰

直径： 7.5cm

白玉环体透雕凤鸟穿花，凤冠高耸，尾羽层叠卷曲，花枝婉转穿插其间。刀法细腻圆润，阴线刻花蕊纹理， 象征富贵吉祥。

217

玉螭龙纹璧

直径：6.1cm

璧体为圆形，中部有孔，正面运用高浮雕技艺雕琢了三条虬曲状螭龙，曲颈扭体，蜿蜒攀伏于璧面上，工艺精细。

玉人面形饰

宽：3.0cm 高：6.3cm

正面琢人的面部，略呈椭圆形，用简洁的线条处理出人面的各个部位，长眼，三角形鼻，唇部狭长，下巴弧度圆润，头顶齐平。

219

白玉云龙纹梳

长：12.8cm　宽：4.5cm

此件玉梳白玉质，光洁温润，呈半圆形，梳柄为龙首形，采用阴线刻、浮雕和局部
透雕等技法雕龙首回望形态，体态婀娜，灵动有致。

220

李福玉印

宽：2.1cm 高：1.5cm

玉印青白玉质，受沁后局部呈灰白色，包浆浑厚。印面篆刻"李福"二字，刀法刚健，笔画遒劲。

玉龙凤纹玉饰

长：6.2cm 宽：5.1cm

玉饰呈扁平片状，长方形。器表纹饰简练，用双阴线琢出龙凤纹饰。其纹饰图案美观，极具当时玉饰的特色，可见高超的琢玉技术。

龙身蜷曲呈圆形，通体饰绞丝纹，龙首简化，颈部有孔，打磨光润，展现出治玉的
高超技巧。

223

玉卷云纹环

直径： 5.3cm

环青玉质，灰黄沁。环体厚实，两面满饰减地卷云纹，纹饰规整，地子平整，边缘倒角圆润，体现了玉器纹饰的繁缛化趋势。

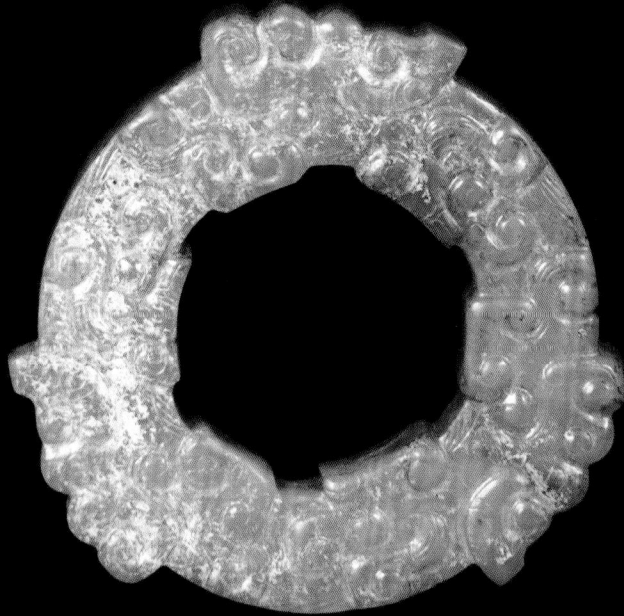

224

玉螭龙纹鸡心佩

长：5.9cm　宽：4.1cm

鸡心佩呈长方形，螭龙盘绕其身，龙身蜿蜒虬曲，尾部卷扬，鳞片以细密网格纹刻画。
黄玉受沁后局部呈现褐红斑纹，与莹润玉质对比鲜明，螭龙动态感强烈，工艺精湛。

225

白玉谷纹璧

直径：5.5cm

白玉谷纹璧形制规整，璧面满布凸起谷纹，排列疏密有致，粒粒饱满。玉质莹白如脂，边缘打磨圆润。谷纹象征丰饶，此器兼具礼器的功能性与艺术性。

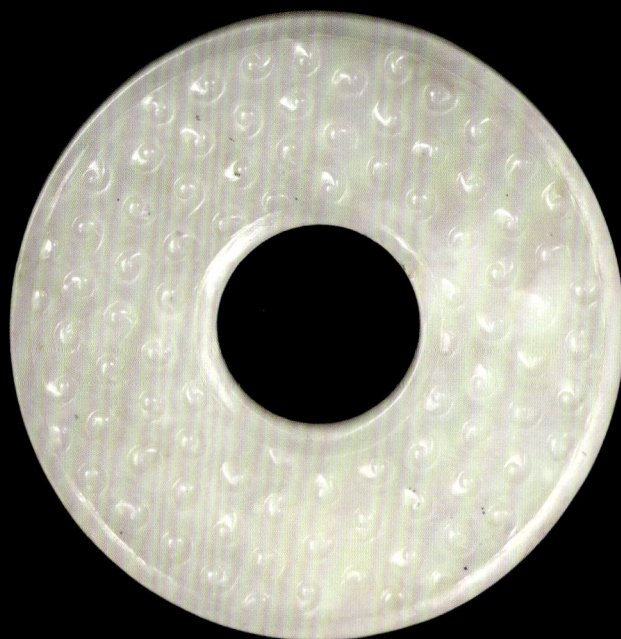

226

玉鸮

长：6.6cm 宽：3.8cm 高：3.6cm

此件玉质圆雕，玉质温润，大部受沁。玉鸮呈卧坐状，体型浑圆，圆眼微凸，鸮喙前钩形成圆孔以利佩挂。小耳齐平，双翼规矩并拢，长尾下垂，十分平稳，胸前钻两孔互通。器表用阳线雕琢羽翼翎纹，造型简洁生动，敦厚稳重。整体玉质润泽凝秀，沁色自然典雅，器形精致小巧，为难得佳品。

227

玉扭头卧兽

长：6.6cm　宽：2.8cm　高：1.7cm

卧兽作扭头回望状，前肢伏地，后肢蜷曲，兽尾贴背。玉质灰白带黄沁，兽身肌肉
以圆弧刀法表现，双目圆睁，獠牙微露，威猛中透出憨拙。

228

玉蛙形饰

长：2.9cm　宽：1.9cm　高：1.7cm

青蛙匍匐蓄势，腹部光素。青玉带水银沁，前足对穿孔，造型抽象凝练。

229

青白玉卧兽

长：5.0cm　宽：2.6cm　高：2.2cm

瑞兽作回首状，四足收于腹下。玉质青白交织带褐沁，肌肉以斜坡刀法表现，具粗犷豪放之美。

230

玉兔

长：8.4cm 宽：3.5cm 高：4.8cm

黄玉圆雕卧兔，兔耳向后，脊骨凸起。通体灰沁斑驳，肌理以短阴线刻画。

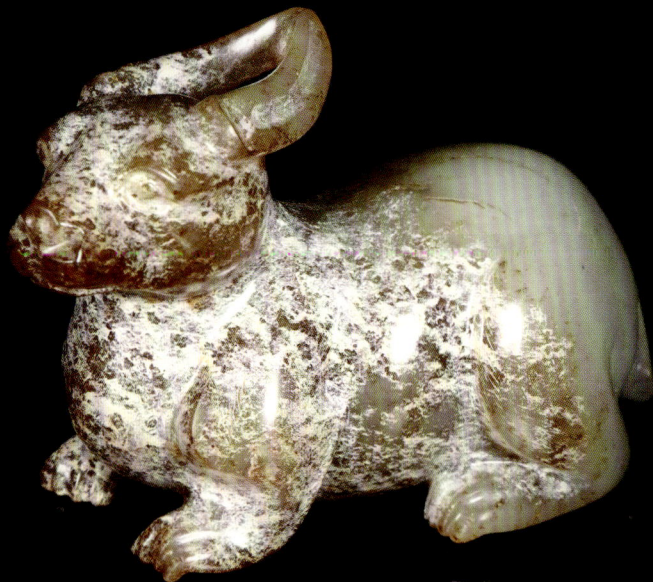

231

玉马首

宽：5.7cm 高：7.1cm

本品玉马首，神形兼备，朴拙自然，线条遒劲有力，刀韵之中古意磅礴，可见中国古代马文化艺术之精髓。

玉卧熊

长：5.9cm　宽：3.2cm　高：6.7cm

蹲坐状，双耳后抿，首微前伸。以粗阴线雕琢出面部特征。体态肥硕，比例精准，将憨态可掬的形态表露无遗，惟妙惟肖，实为一件不可多得的玉雕精品。

233

玉小熊

长：3.7cm 宽：2.0cm 高：2.6cm

此件玉熊，周身受沁，圆雕，嘴部穿孔。形态小巧可爱，整体雕琢生动，表情憨态可掬。

玉瑞兽

长：6.3cm　宽：4.6cm　高：4.5cm

玉质细腻温润，局部有斑沁。瑞兽四肢匍匐横卧于地，昂首目视前方，姿态驯顺可爱。线条停匀流畅，雕琢细腻，包浆圆润，古意清悠。

235

兽形尊

长：16.4cm 宽：7.6cm 高：12.3cm

这件玉兽造型威猛，雕刻精细，呈坐姿，阔鼻开口，双目圆睁，形态逼真，保存基本完好。

兽形尊

玉卧虎

长：10.0cm 宽：5.6cm 高：3.4cm

虎用玉石雕琢，卧伏状，目视前方，周身用细阴线表示毛发，形态生动，惟妙惟肖。

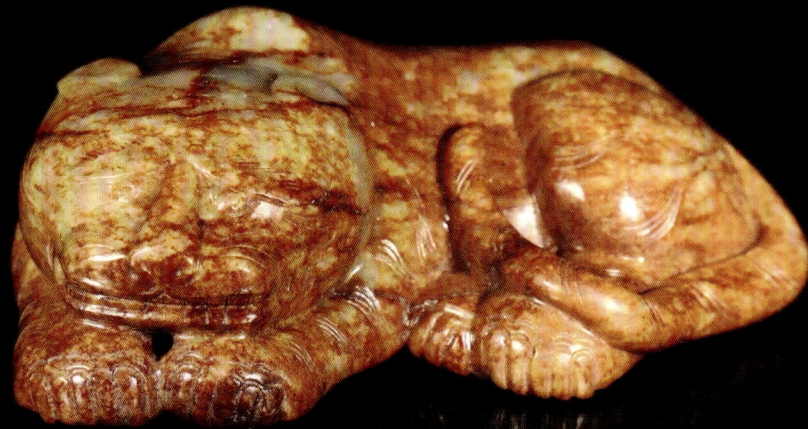

237

玉卧熊

长：9.2cm 宽：4.7cm 高：5.9cm

玉质细腻莹润，间有沁斑。熊造型浑圆粗壮，四足趴伏于地，似在缓慢前行。线条
简练刻画神态，背部作弓状。

玉卧熊

238

玉卧熊

长：6.9cm 高：4.1cm 宽：3.7cm

这件卧熊局部受沁，古朴精巧，栩栩如生，雕刻细腻。玉熊的造型简洁而富有力量感，象征着力量与稳重。

239

仙人驭马

长: 9cm 宽: 3.7cm 高: 6.8cm

此件造型主体是一仙人骑在马上。仙人神态自如，头微仰，奔马形体雄壮，呈坐姿，四蹄收于腹下，尾巴下垂。结构合理，线条略有夸张，造型上重心偏前，琢玉工艺高超，通体圆润。虽形体不大，但造型威武雄壮，包浆厚重，保存完好。

240

辟邪

长：7.0cm　宽：4.3cm　高：6.8cm

此件白玉质，温润细腻，表面有沁。辟邪呈站姿，挺身直立，双眼圆睁目视前方，四肢短粗有力，神态生动。中国古代传说中有许多人们想象中的动物，玉、石器中的这些神异怪兽便是依传说演化而来的。辟邪便是极受人们崇敬、在雕塑作品中出现较多的神兽，其造型往往受多种动物形态的影响。

241

羽人驭兽

长：13.4cm 宽：3.9cm 高：11.8cm

玉雕主体为一位羽人骑坐在一只神兽之上，羽人身披斗篷，神兽体型健硕，昂首挺胸，整体造型充满动感和力量感。雕刻技艺精湛，线条优美自然，将羽人的羽毛、神兽的毛发等细节都刻画得栩栩如生。造型奇特，充满神秘色彩，展现了古代先民丰富的想象力和高超的玉雕技艺。

242

回首兽

长：8.1cm　宽：4.6cm　高：5.2cm

神兽扭颈回望，脊线贯穿首尾，四肢肌肉用圆弧刀强调张力。白玉质地带褐沁，辟邪玉雕遗珍，其神秘造型融合多种瑞兽特征。

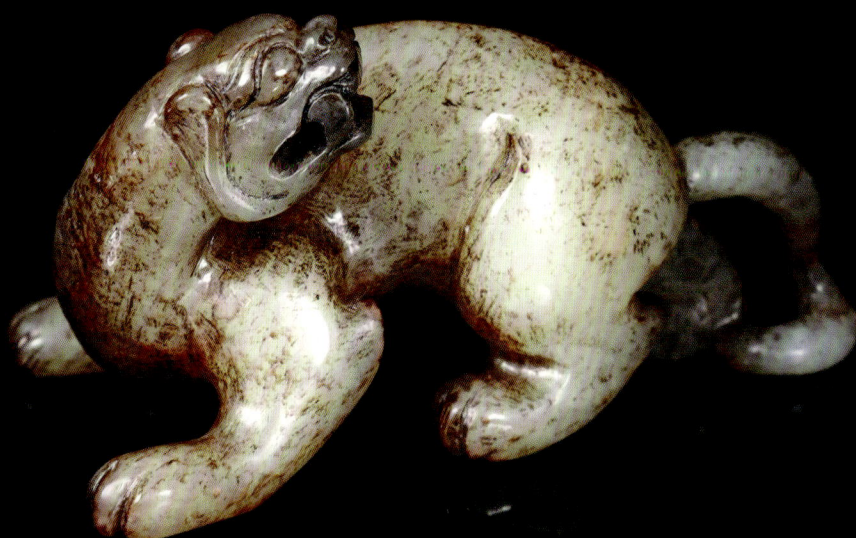

243

坐熊

长：3.1cm 宽：2.3cm 高：4.9cm

熊呈踞坐状，左前掌抚腹，毛发用交叉阴线刻画蓬松感，爪部关节以圆弧刀强调。
青黄玉质带朱砂沁，为镇邪瑞兽，憨厚造型中暗藏威仪。

坐熊

244

辟邪

长: 7.1cm 宽: 3.5cm 高: 5.3cm

神兽怒目阔口，独角后扬，肋生双翼收于身侧。肌肉块面以斜坡刀法强调体积感，爪部关节刻画刚劲有力。尾分双叉卷曲贴背。深褐色沁斑浸染全身，仅露零星玉质。此镇邪瑞兽将威猛神韵体现得淋漓尽致。

245

玉象

长：7.8cm 宽：4.2cm 高：5.2cm

巨象垂鼻卷曲，大耳贴面，象牙以减地法凸出。青玉质通体灰皮，局部有褐色土沁。

象以其力大魁梧，令百兽畏惧，却同时性灵柔顺，与人为善，自古即被人奉为瑞兽。

此件蕴含"太平有象"的吉祥寓意，意谓天下得治、和平久安。

246

玉羊

长：5.2cm　宽：3.1cm　高：4.4cm

绵羊双角盘曲贴背，圆睁直视，尖嘴紧闭，身体敦实圆浑，胸部前挺，臀部隆起，短尾宽扁，羊毛用细密短阴线表现。白玉质地带褐沁。温顺造型寄寓"大吉祥"之意。

247

绿松石卧羊

长：4.9cm　宽：2.6cm　高：4.1cm

羊作跪卧状，头部微昂，背脊起棱，造型浑厚，工艺精湛。

248

白玉迦楼罗

宽：5.7cm　高：5.2cm

白玉质，圆雕人神兽，双目圆睁，双翅展开，双手合十，整体素净典雅。

249

玉辟邪

长：8.8cm 宽：2.9cm 高：4.2cm

此辟邪身形悍猛，作爬行状，目视前方，双目圆睁。头顶有一独角，背生双翼，翅羽为平行状，翅端向上卷，长尾分叉卷曲，神韵十足。

250

玉小兽一对

长: 4.1cm 宽: 2.2cm 高: 2.7cm/ 长: 4.2cm 宽: 2.2cm 高: 2.7cm

双兽呈卧状，工匠巧妙地捕捉到小兽的动态瞬间，以写实法处理，造型憨态可掬。

251

玉龟形饰

长：9.0cm 宽：6.4cm 高：2.2cm

龟代表长寿和财富，被列为四灵之一。此件玉龟扁平体，圆雕，匍匐于地，首尾四足外伸，黄玉带沁。龟甲厚重圆润，四肢粗壮有力，造型生动。

长：6.0cm 宽：3.2cm 高：3.8cm

玉辟邪兽圆雕而成，姿态雄壮，怒目昂首，张口露牙，四足呈前后迈动姿态，浑圆而遒劲，四肢还以细阴刻线条装饰出绒毛，细节栩栩如生。

253

玉猪形饰

长：4.8cm 宽：3.4cm

圆雕猪形，圆眼，拱鼻、垂耳，鼻部穿孔，身体以凹槽划分。白玉带褐沁，尾部渐收如锥，造型朴拙，象征丰饶与财富。

254

黄玉双龙纹饰

长：7.4cm 宽：4.4cm

带饰呈长梯形，正面巧雕两只戏珠的夔龙，夔龙张口露齿，体态敦厚矫健，雕琢简练有神。

255

玉鸟形饰

长：2.9cm 高：1.8cm

微型鹰鸮类饰件，钩喙尖锐，双目圆凸。黄玉满布灰白沁，羽轴刻细密的放射线，颈部穿孔，是鸮尊礼器微型化，象征通天神力。

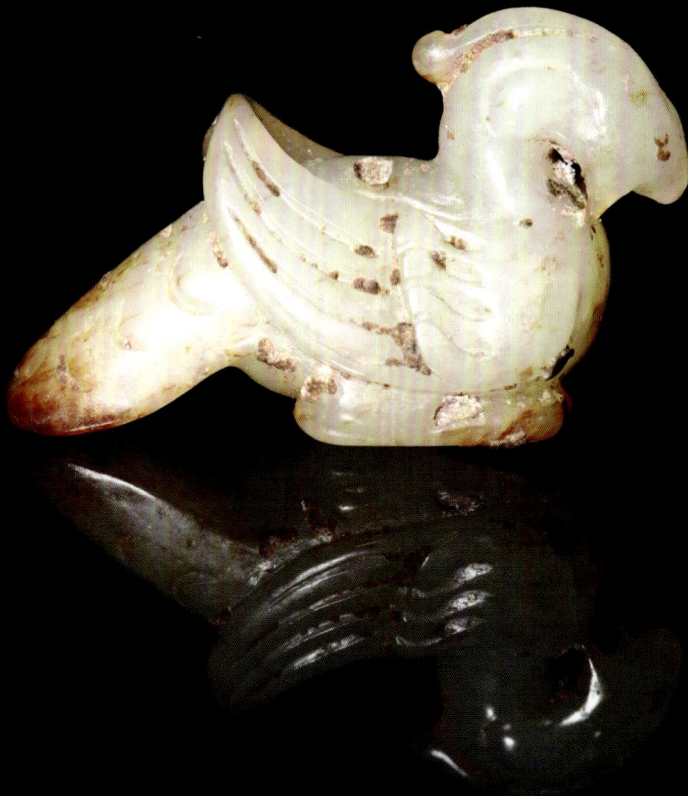

256

玉兽面纹饰

长：5.3cm 宽：4.6cm

兽面"臣"眼凸起，双角卷曲如云，鼻翼衔环。青玉受沁处泛白，纹饰减地起阳，背面钻牛鼻孔，具青铜饕餮纹演化特征。

257

长方形玉饰

长：8.5cm 宽：3.3cm

饰板透雕蟠螭纹，螭身相互缠绕。白玉带褐沁，地子碾琢珍珠纹，边框作竹节状。

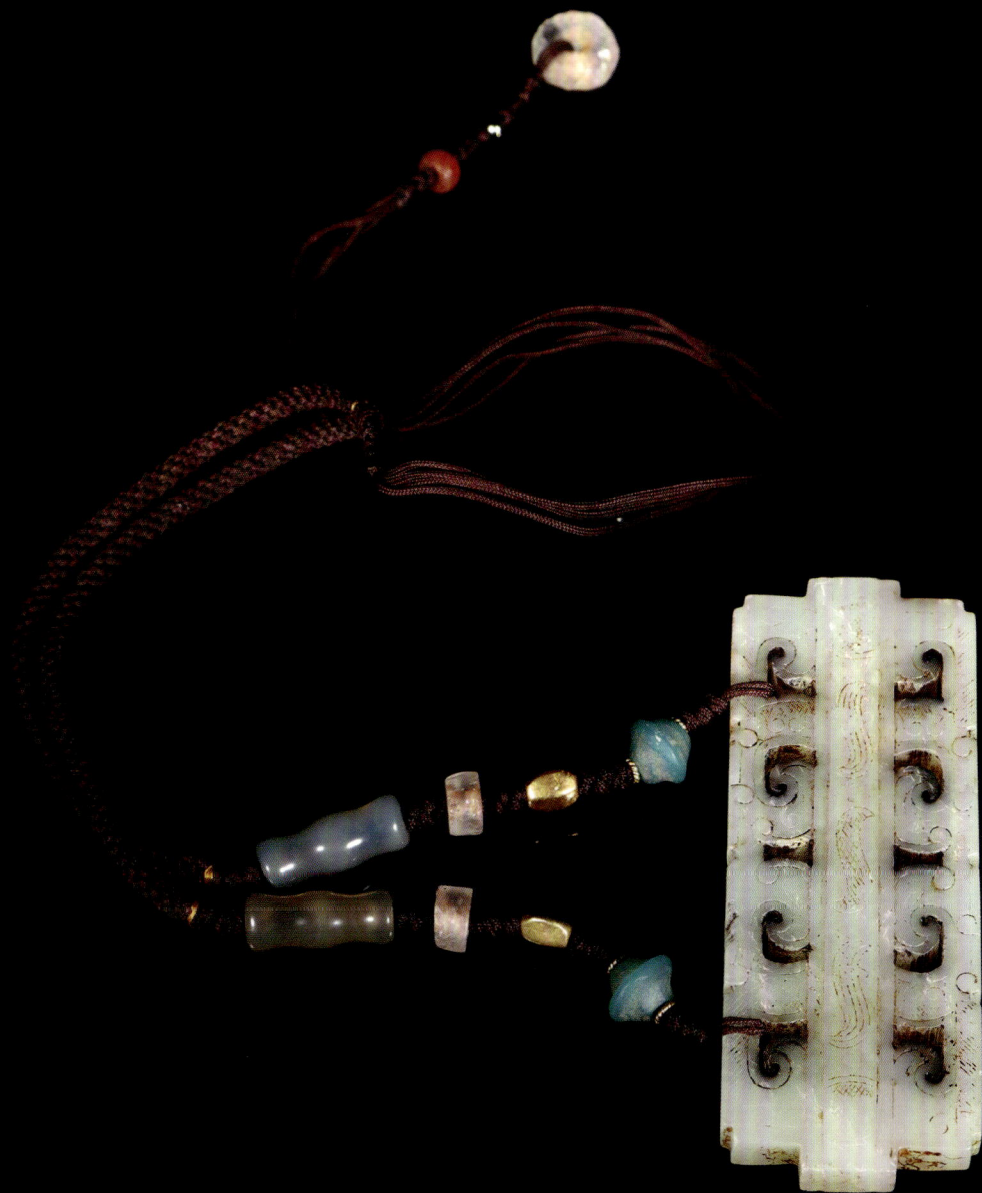

258

玉卷云纹佩

长：6.1cm 高：3.2cm

此佩玉质，大面积受沁，造型独特，饰浅浮雕卷云纹，古韵十足。

259

双龙玉饰

长：11.2cm 宽：4.7cm

呈半圆形，有褐色瑕斑。透雕相背双龙，体如S形弯曲，双龙翅翼相连，采用透雕工艺，双面均有纹饰。

260

玉跪熊一对

长：2.2cm 宽：1.2cm 高：2.8cm

白玉质，色泽温润。熊体圆雕，呈跪姿，具有朴素的拙笨美感，既精美，又简朴。

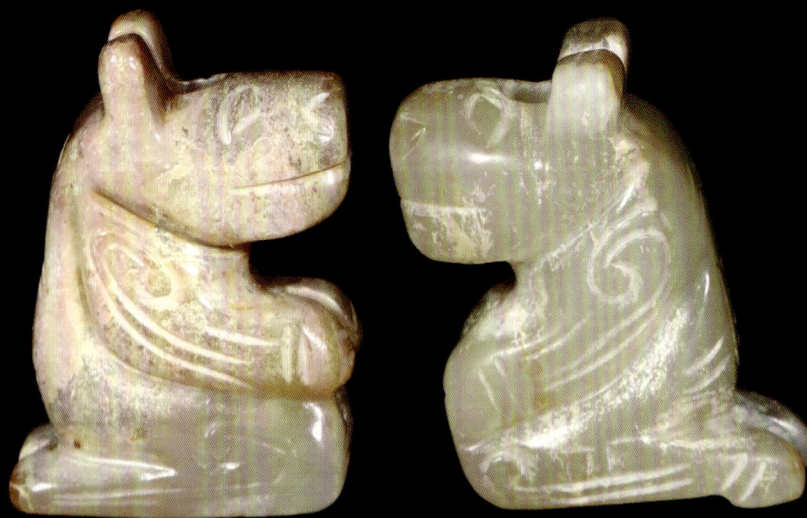

261

玉马

长：6.2cm 宽：1.5cm 高：4.8cm

立体圆雕，巧作站马造型，身形饱满肥硕。腿部刻画有力，整体刻画细致，刀工简洁娴熟，大小恰当，适合把玩。

262

玉凤鸟纹饰

长：9.1cm 宽：3.6cm

佩饰玉质，略呈长梯形，正面以阴刻线饰凤鸟纹。整体装饰飘逸，抽象而经典。

263

玉双立人

宽：4.7cm　高：6.6cm

双立人并排而立，高冠广袖，衣纹以粗阴线勾勒。玉质灰白带朱砂沁，风格朴拙神秘。

264

玉俑首

宽：2.8cm 高：4.0cm

玉质青白，表面有褐色沁斑，整体为俑首造型，发髻高耸，五官模糊，颈部以下残缺。
此件风格简朴，具神秘色彩。

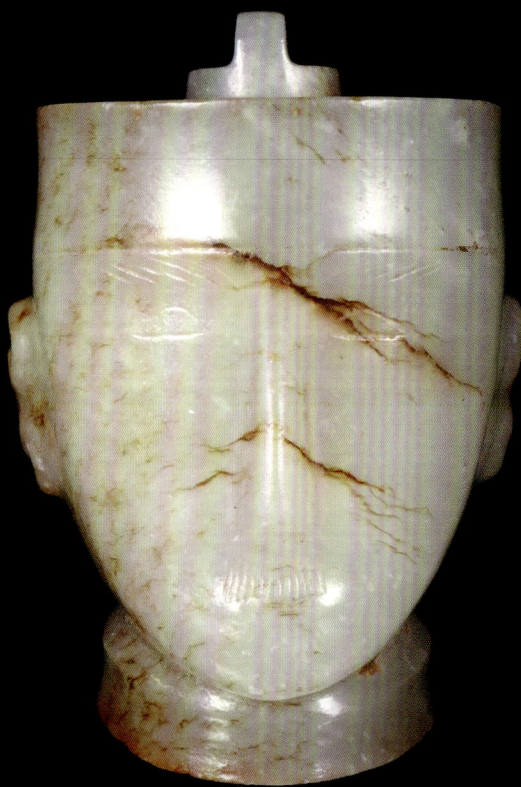

265

玉人首辅首饰

长：15.0cm　宽：9.5cm

辅首饰整体呈盾形，极为罕见，上端浮雕人首，腹身满饰阴线雕刻的神兽纹，两侧分别浮雕一只螭龙，下端浮雕兽面衔活环。辅首有团结一致、忠心耿耿、奋发向上、名列前茅的寓意。

266

玉翁仲

宽：1.8cm 高：6.2cm

人物长袍直立，双手持圭，面部五官模糊，造型抽象简练，为辟邪玉人典型制式。

267

玉蚕

长：5.3cm 宽：1.0cm

白玉圆雕春蚕，体节以凹槽划分，头部刻三角形口器，尾部渐收。玉质莹润带灰沁，造型简练生动，象征农桑丰饶。

269

玉卧兽

长：5.6cm 宽：2.6cm 高：2.1cm

圆雕瑞兽伏地小憩，脊线分明，尾如卷云贴腹。白玉带金黄沁，神态温驯恬静。

270

玉辟邪

长：8.4cm　宽：5.1cm　高：3.4cm

辟邪作伏兽状，头前伸，四肢短而粗壮，步伐前后错落，身侧有翼，由前后两组羽翅组成。整体充满动态，生气十足。

271

玉卧熊

长：6.2cm　宽：3cm　高：3.7cm

玉熊呈蹲踞状，体态壮硕浑圆，背部隆起，线条圆滑，四肢短粗有力。

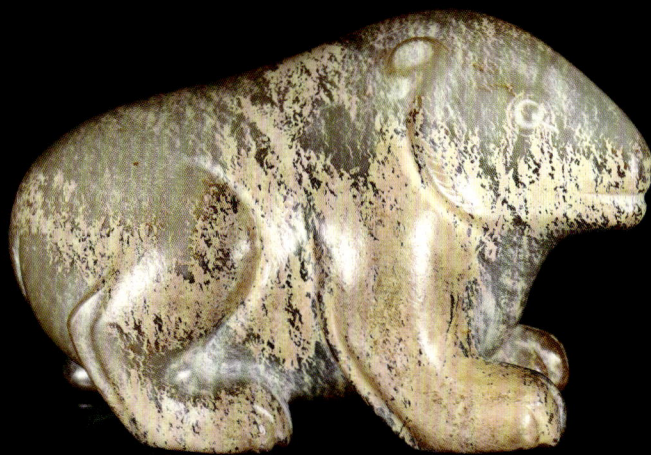

272

玉鸮

长：3.3cm　宽：3.0cm　高：4.5cm

立鸮双目圆睁，喙部尖锐，羽翅以减地法分层表现，爪部细节模糊，造型朴拙。

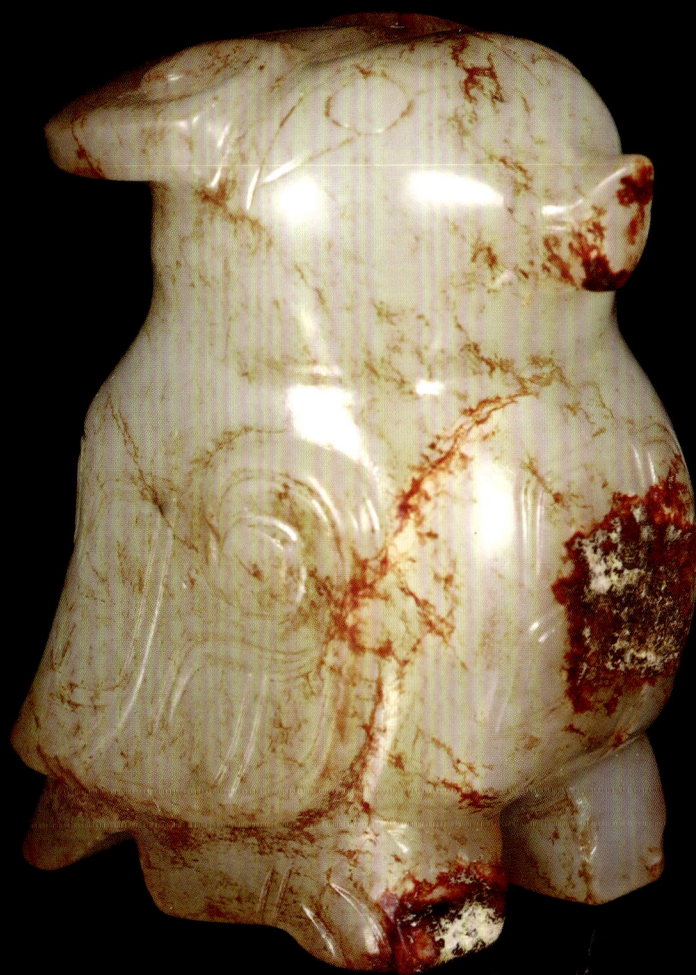

273

玉蝉

宽：1.5cm　高：3.3cm

玉蝉白玉质，蝉体扁平，双目凸起，翼部以极细阴线刻画脉纹，刀工简洁。

274

玉双龙首璜

长：11.5cm 宽：1.3cm

玉璜青玉质，体扁，片状，呈扇面形，通身装饰卷纹，排列疏密有序，两端为侧面龙首形，边缘沿龙首凹凸变化。夔龙首卷鼻，张口，口部对钻圆孔。

275

玉鸮形饰

长：5.8cm 宽：3.4cm

鸮首作正面凝视，耳羽竖立，胸腹刻旋涡纹。青玉带灰皮沁，喙部对穿孔，造型高度符号化。

276

玉双层龙纹璧

直径：5.4cm

整器局部沁色变化丰富，外层装饰龙纹，双层玉璧相当稀少，为该时期工艺高峰的
代表。

277

玉镂空螭龙纹璧

直径： 7.7cm

玉璧之上镂空透雕了变形螭龙，扭动卷曲，首尾相接，内外有素缘，线条精练，动感十足，给人一种高深莫测之感觉，极具古意。

278

玉猪形饰

长：5.6cm 高：4.0cm

圆雕一立猪。耳朵宽大下垂，身体丰盈圆润，背部隆起，四肢强健。

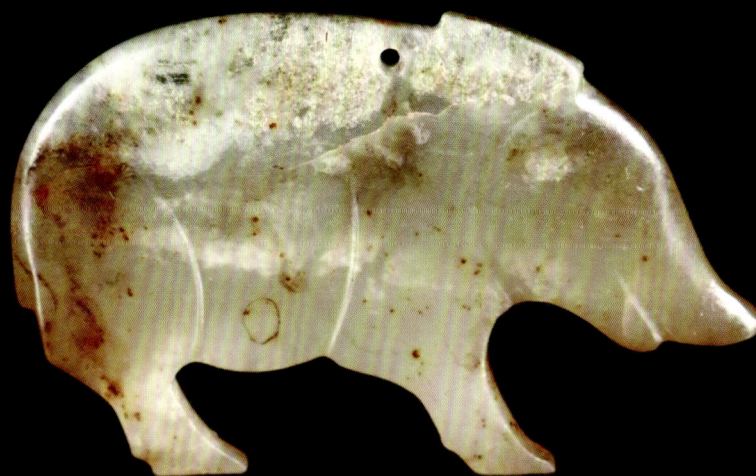

279

镂空兽面纹玉璧一对

直径：5.8cm

兽面纹玉璧圆整、平廓，中孔、外缘齐整，饰以兽面纹，整体雕琢及纹饰特征具有
极高的研究价值及鉴赏价值。

280

玉璧一对

直径：5.8cm

本品玉质温润，光泽内敛，纹饰雕琢繁复而生动，璧身圆润，寓意圆满吉祥。

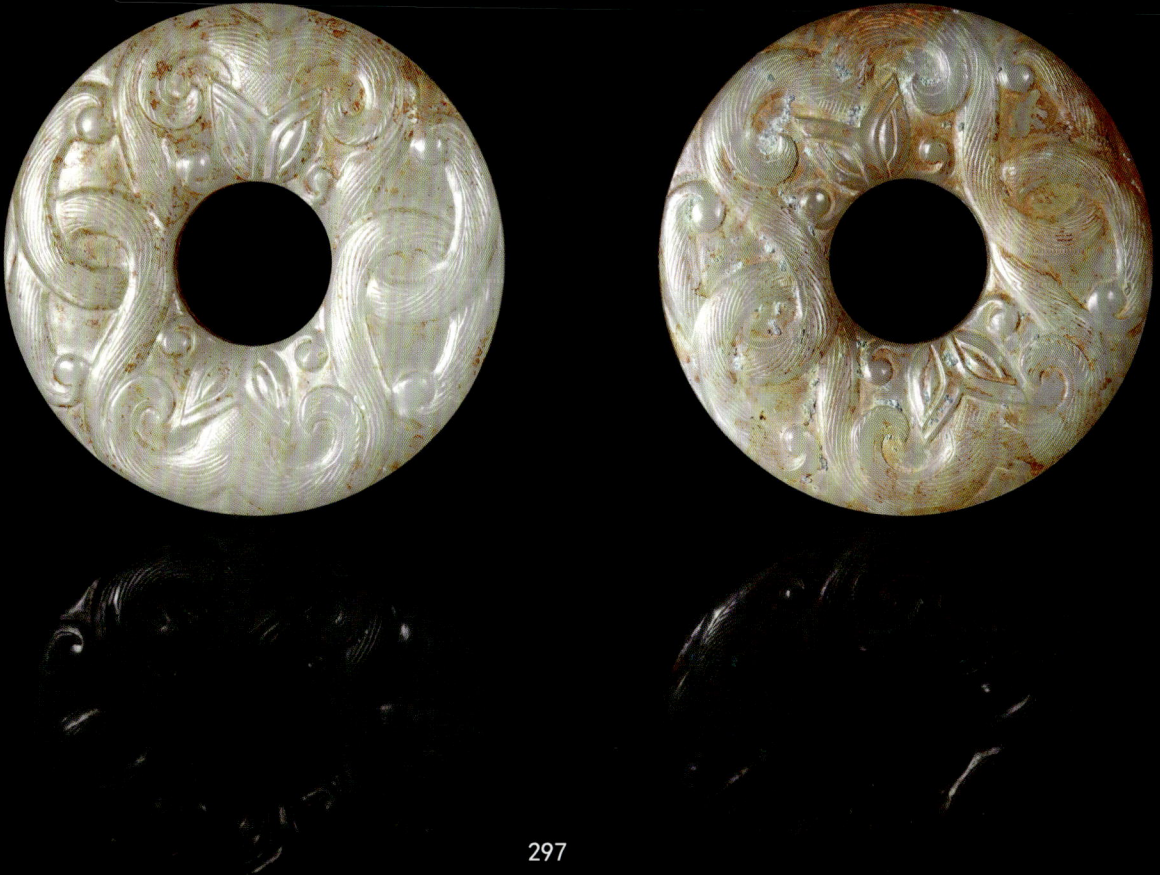

双龙双凤玉饰

长：10.3cm 宽：6.5cm

双龙、双凤、双面镂雕玉饰，器物小巧精致，沁色过渡自然，深入肌理。纹饰精美，龙凤形态生动，线条流畅，雕工精细，包浆自然。

玉螭龙纹璧

直径：9.9cm

螭龙象征着祥瑞与力量。这件玉璧雕刻精美，螭龙纹饰栩栩如生，其精美的工艺和
象征意义，展现了古代玉器文化的深厚底蕴。

283

玉曲尾龙

长：8.6cm 宽：1.3cm

器体扁平，略呈环形，外缘齐整，两面纹饰相同。龙身盘旋，张口露齿，阴刻卷云纹。
整器刀法流畅有度，线条严谨有序，造型奇特。

284

玉螭龙纹鸡心佩

长：7.5cm 宽：4.9cm

此佩中开圆孔，以出廓形式在鸡心外雕螭龙造型，线条婉转灵动，

285

玉神人形佩

长：10.0cm　宽：1.8cm

玉为青黄色，有褐色沁。弧形，两面雕玉神人形。人首头部毛发雕刻细密，口微张，勾云形耳。器中部雕刻身躯，璜顶部有一穿孔，便于穿系佩挂，纹饰刻画精细，造型优美。

286

玉出廓璧

宽：15.0cm 高：10.6cm

中为玉璧，其上浅浮雕刻谷纹，两侧出廓饰透雕背向而立的凤鸟纹，有沁斑。

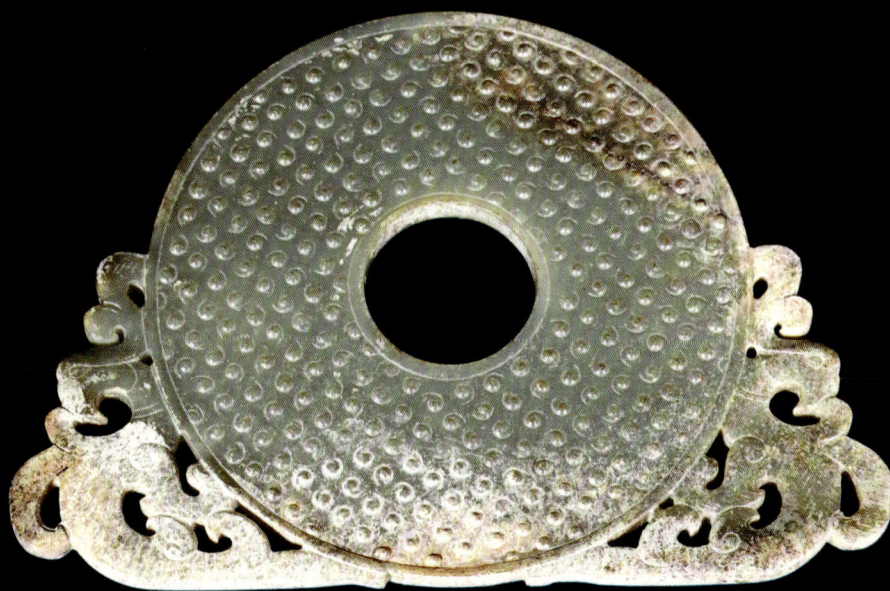

玉勾连云纹璜

长：12.5cm 宽：3.3cm

此玉璜扁平，双面施工，局部受沁。双面有减地凸起的勾云纹，正反相连，排列密实。玉璜边缘处琢成凹槽状，形成以勾云纹为主体的布局，中部顶端有穿孔。

288

玉双龙纹臂鞲

长：11.2cm　宽：3.8cm

护腕臂鞲是狩猎的装备，弧面，椭圆形，两侧中部微凸。此臂鞲饰以双龙纹，对称
结构。臂鞲是用来保护狩猎者的手腕，以免被猎鹰的利爪所伤。

289

玉龙首带钩

长：11.0 cm　宽：4.1cm　高：2.8cm

玉质白色，受沁。钩体呈弧形，其上阴刻一螭龙，钩首呈龙首状，双目圆突，张口露齿。体下有圆形钮，造型优美。整件带钩线条刚柔相济，清晰流畅。

290

玉镂雕环

直径: 16cm

此环白玉质,分四段,抛光细致,润泽悦目。双面雕琢,整器纹饰繁简结合,形制精美,
技艺高超,保存完好。

细部特征，于细微处见奇观。

292

绞丝龙一对

长：11.8cm

青白玉质，局部受沁呈褐色。此对绞丝纹龙玉质致密，器身修长，兽首下钻磨一小孔作为系带穿孔，龙尾卷曲，身躯环肉上刻以绞丝纹，绞丝的密度高，制作精致。

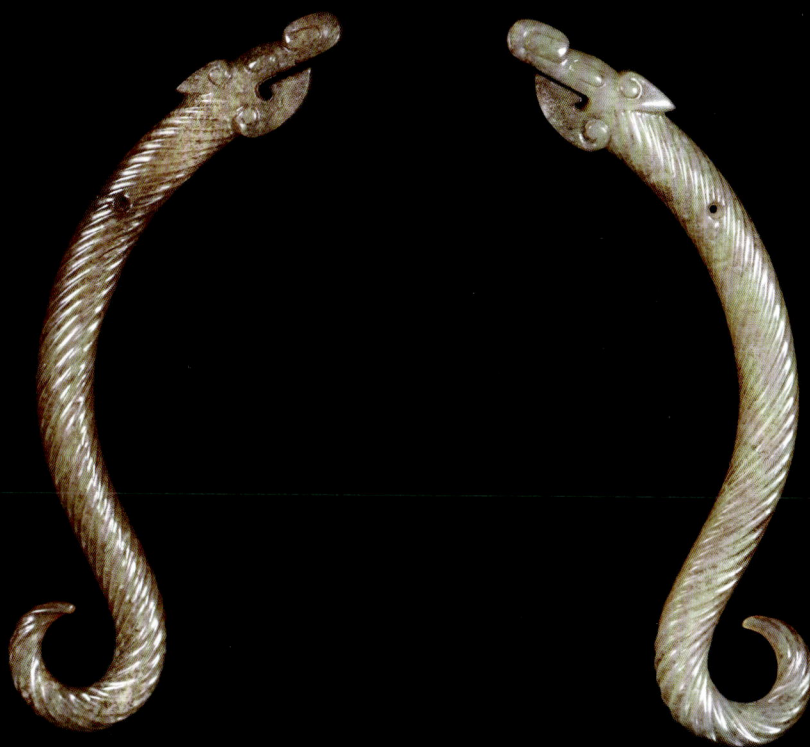

293

鸡心佩

长：7.2cm 宽：4.6cm

此佩白玉质地，局部受沁，大体呈长椭圆形，中心为一圆孔，边缘出廓雕螭龙纹，工艺精细。西汉中期的鞣形玉佩已基本定型，心形主体中部的孔变小，两侧则附饰透雕，比早期的更加繁复。

294

璇玑

长：9.8cm　宽：10.5cm

此件璇玑以玉雕琢，质地细腻温润，料色温润而微带沁色。整体扁平，中央有圆孔，形似变形的玉璧。外缘有四个形状相同、向同一方向旋转的齿状凸脊，伴有细小凸齿，打磨精细，光气一流。

295

方相氏

长：1.6cm 宽：1.4cm 高：3.7cm

白玉质，细腻莹润。玉人为圆雕，作单膝跪地状，圆脸，闭口凸鼻，侧视，表情愉悦，面带微笑。造型独特，受沁自然，适合赏玩。

296

玉马首

长：10cm 宽：4.2cm 高：7.5cm

玉质青白色，丝状赭色沁斑遍集整器。马首向下弯曲，凸目生动传神，双耳挺立，雕工浑厚简练。

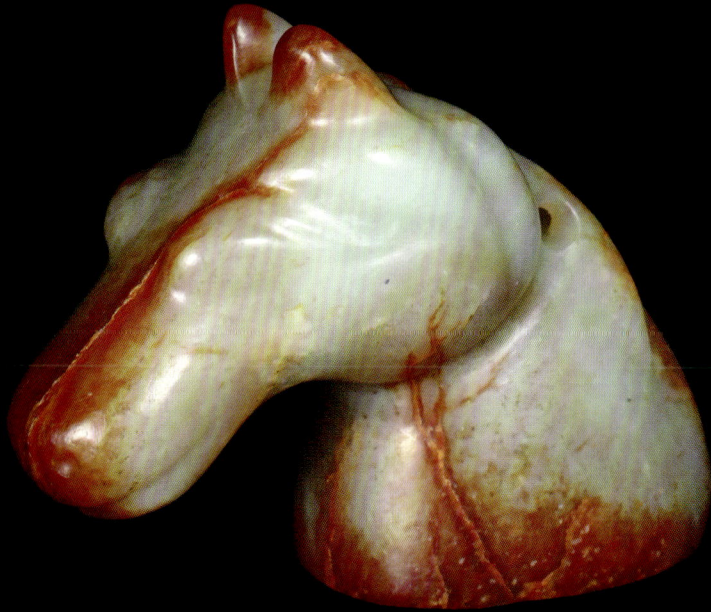

297

玉小兔一对

宽：2.6cm 高：2.0cm/ 宽：2.6cm 高：1.9cm

两只立耳兔呈匍匐状，造型生动写实，身形圆润饱满，线条流畅自然，双眼以阴刻线点睛，炯炯有神。兔身肌肉起伏分明，可见四足及短尾，整体造型比例协调，极具写实之趣。

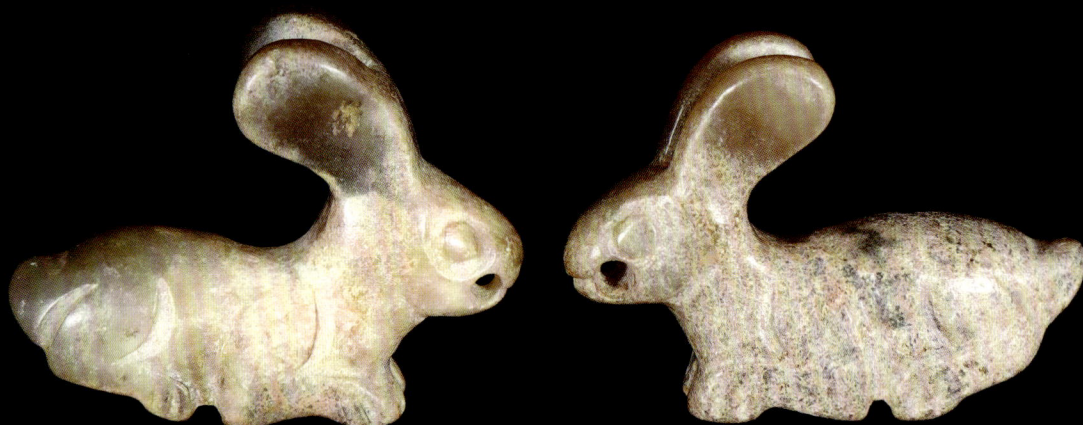

298

玉金蟾把件

长：8.5cm 宽：6.4cm 高：5.3cm

白玉金蟾三足踞地，背刻铜钱纹。局部留金黄皮色巧雕，象征招财纳福。

299

玉童子绣球

长: 3.2cm 宽: 2.2cm 高: 4.6cm

童子匍匐戏球，双髻垂肩，绣球刻金钱纹。黄玉带黑漆古沁，衣纹用压地隐起法，
反映出古代婴戏题材的生活气息。

300

白玉蝉

长：6.6cm 宽：3.2cm

蝉体浑圆，翼部减地隐起叶脉纹，玉质熟旧带土沁，头部穿孔细密，兼具琀玉与组佩功能。

301

玉翁仲

宽：1.9cm 高：6.1cm

玉人长脸阔袖，双目以斜刀刻画。青玉带朱砂沁，衣饰以阴线简单刻画。

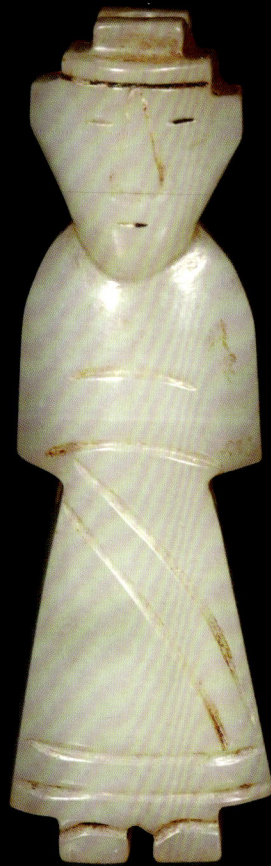

302

玉立人

长：2.2cm　宽：1.8cm　高：8.6cm

灰白玉质通体受沁，立人着交领广袖，双手拢于胸前。面部简刻眉眼，衣褶以平行阴线表现，身形修长，比例夸张。

跪坐玉人

长：2.4cm　宽：2.3cm　高：4.3cm

玉人跪姿端庄，高髻戴冠，双手垂放双膝。衣纹以游丝毛雕技法刻平行细线，面部简单刻画。

304

玉跪人

长：6.7cm　宽：6.6cm　高：3.5cm

玉人呈跪姿叩首状，高冠宽袖，面部简刻眉眼。黄玉满布网状灰沁，衣纹以粗阴线勾勒，身形比例夸张，或为祭祀人俑，具有神秘的巫祝气息。

305

玉舞人

宽：3.3cm 高：6.4cm

舞者长袖折腰，裙裾呈半月形飞扬。青白玉带灰皮沁，袖口刻细密网格纹，动态捕捉精准。

306

玉舞人

宽：2.6cm 高：7.3cm

玉舞人的造型轻盈灵动，线条流畅，展现了古代舞者的优雅姿态。玉质温润，雕刻精细，舞者栩栩如生，反映了古代舞蹈艺术的繁荣与人们对美的追求。

白玉质，细腻莹润。玉人为圆雕，作跪坐状，双手交握，长脸，身着衣饰简单，双手垂于胸前。

308

玉三人一组

尺寸不一

圆雕玉人跪坐像，局部受沁，所刻人物表情祥和，态度谦卑，惟妙惟肖。三件玉人均由顶至底一气呵成，雕刻技法展现得淋漓尽致。玉人整体光洁细润，纹理自然流畅，雕工精湛。

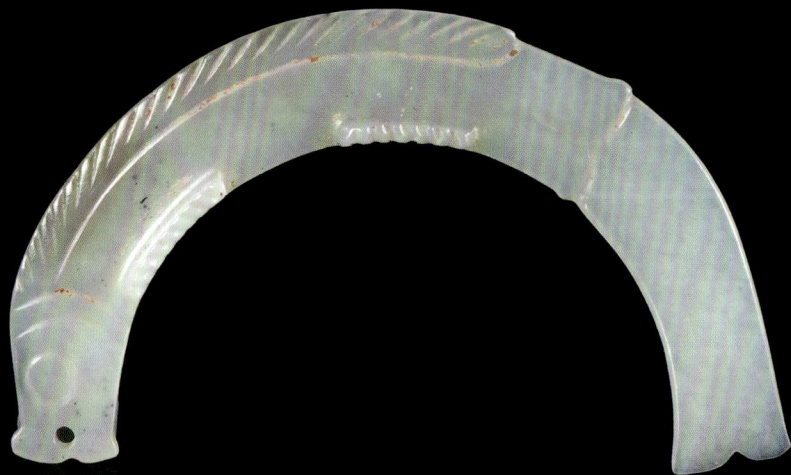

326

310

玉鸟

长：8.0cm 宽：3.6cm 高：3.9cm

这件玉鸟造型生动，雕刻细腻，鸟首平视，圆头，鼓胸，圆眼，尖喙，两翼收拢，以弯曲线纹饰翅膀，勾勒出羽毛层次，受沁，形态逼真。

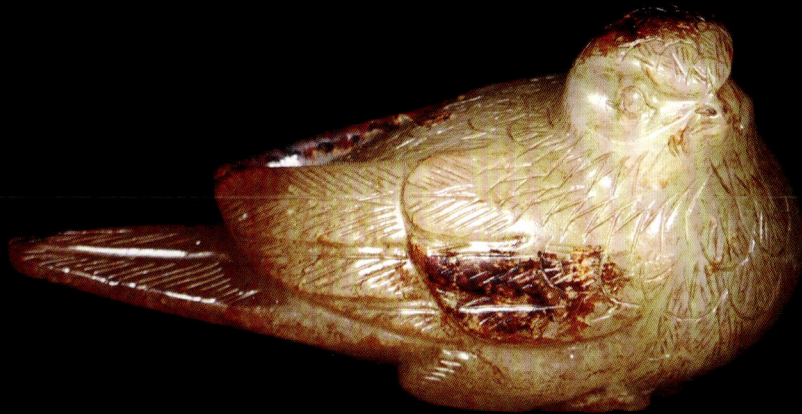

312

玉猪

长：19.0cm 宽：5.5cm 高：5.6cm

圆雕而成，质地细腻油润，局部受沁。玉猪呈俯卧状，体型丰腴惟妙惟肖。
以阴刻线条展现毛发，细节刻画精准到位，双耳竖起贴于脑后，写实生动。

313

羊

长：13.0cm 宽：5.3cm 高：8.2cm

白玉卧羊，跪卧于地，呈休憩怡然之态。玉羊平视前方，双角置于首后，辅以数道阴刻线展现神态。此玉羊形态圆润，憨态温顺。

314

象

长：3.7cm 宽：2.1cm

白玉质，细腻温润，局部有褐斑沁。玉象呈站姿，整体形象塑造得温顺祥和，造型比例协调，大象身上的骨骼隐约可见，长鼻曲卷，大眼，大耳，生动刻画出大象的形体特征。

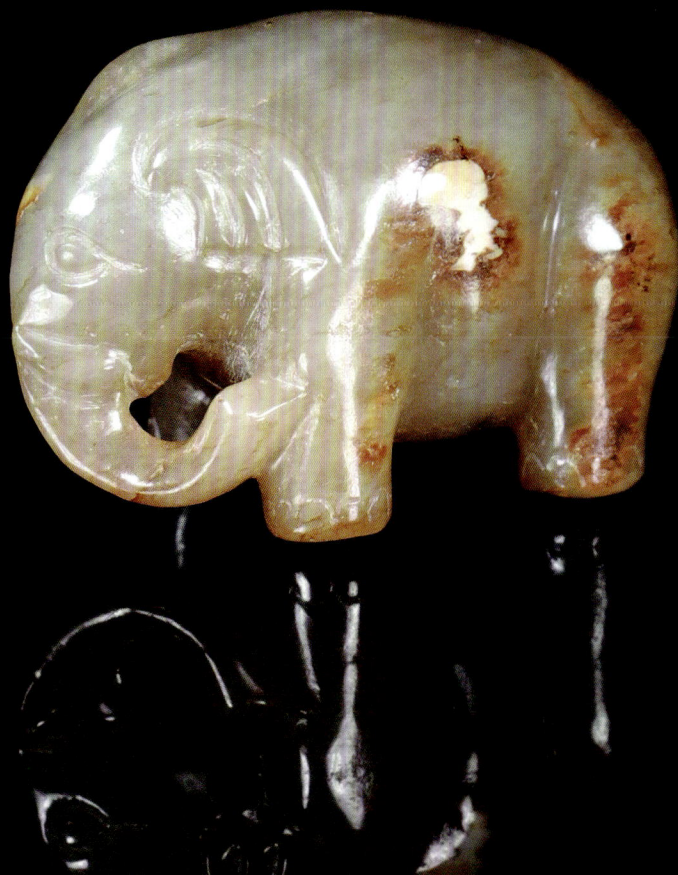

315

小白熊

长：5.7cm 宽：2.7cm 高：3.4cm

白玉质地，局部有沁，圆雕瑞兽，兽首呈张望状，身体浑圆，四肢短小。此玉兽造型憨态可爱，刀工精巧，线条流畅，形象生动，包浆莹润。

316

子母鹰

长：7.0cm　宽：5.4cm　高：3.3cm

此件子母鹰呈伏卧状，母鹰首平视，圆头，鼓胸，圆眼，尖喙，双翼张开，短尾下垂，造型十分平稳。子鹰置于背部，更显敦厚稳重。以平行线纹饰翅膀，勾勒出羽毛层次，造型形态逼真。

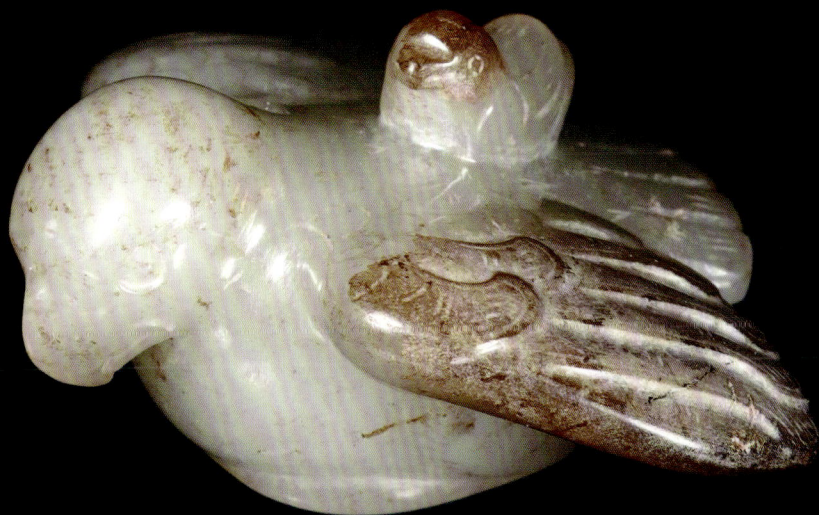

317

虎

长：7.2cm　宽：4.7cm　高：5.3cm

虎呈趴伏姿势，目视前方，圆眼阔嘴。器面有阴刻线，白玉质，局部带有沁色，造型写意。整器玉质润泽，造型活泼，别有生趣。

318

兔子

长：4.6cm 宽：2.7cm 高：3.2cm

玉质细腻温润，周身有沁。圆雕玉兔呈伏卧状，大眼长耳，四足弯曲向前，静中有动，蓄势待发。此玉兔造型传神，整器雕工简练，线条饱满圆滑。兔子在古代被视为祥瑞之兽，又为月宫灵物，有"蟾宫折桂"之吉祥寓意。

319

玉虎

长：7.9cm 高：5.1cm

圆雕玉虎，局部带有褐色沁纹。玉虎呈坐卧状，四肢伏地，尾巴上翘贴体，虎身四肢健壮，全身细刻多条阴线，写实传神，柔中带刚，实属佳作。

320

玉鱼

长：11.3cm 宽：1.6cm

此件低首略弓背，鱼尾。吻部上翘，分尾较短，阴刻短线作鳍，口部有一孔，以备系佩。纹饰古朴，造型生动别致，刻工精细。

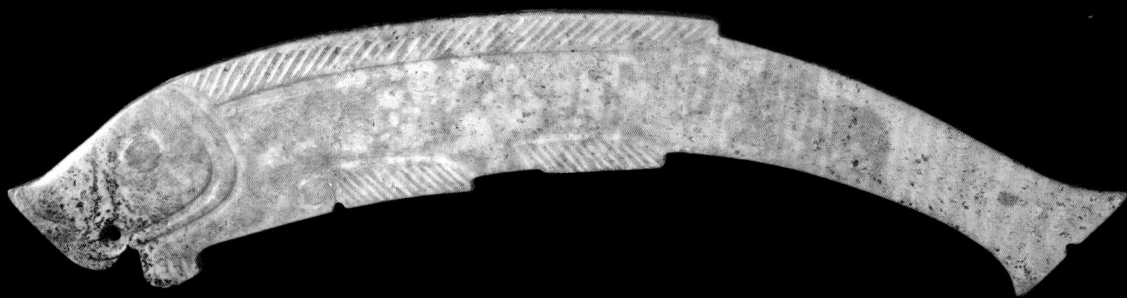

321

玉鹿

宽：4.1cm 高：5.3cm

鹿身蜷卧，肌理线条柔美流畅，四足收于腹下，鹿首微昂，神态温驯。玉质莹润，尾椎与角部采用减地起棱技法，细节刻画精准。整器造型浑朴古拙，兼具写实与意象之美。

322

玉虎

长：7.3cm 宽：3.0cm 高：2.8cm

虎身伏地呈蓄势状，四爪收于腹下，尾如钢鞭贴脊。肌肉块面用斜坡刀过渡，额纹以"人"字阴线刻画。青黄玉质通体灰皮，静态中蕴含跃动之势。

323

玉猪

长：7.3cm 宽：3.2cm 高：4.0cm

猪做蜷卧酣睡状，吻部前突，双耳贴颅。通体鸡骨白，沁色均匀，仅露零星青玉底，皮壳呈橘皮纹。以简练刀法捕捉动物神韵，朴拙中见灵动。

324

玉鹰

长：6.1cm 宽：5.7cm 高：2.7cm

鹰鸟满阴刻线，玉鹰双翅展开，似飞翔状。翅羽刻细密平行线，生动而具有装饰美。整器造型规整，包浆厚重。此玉鸮雕工质朴，形态憨实，作为佩挂玉饰，小巧可爱，令人爱不释手。

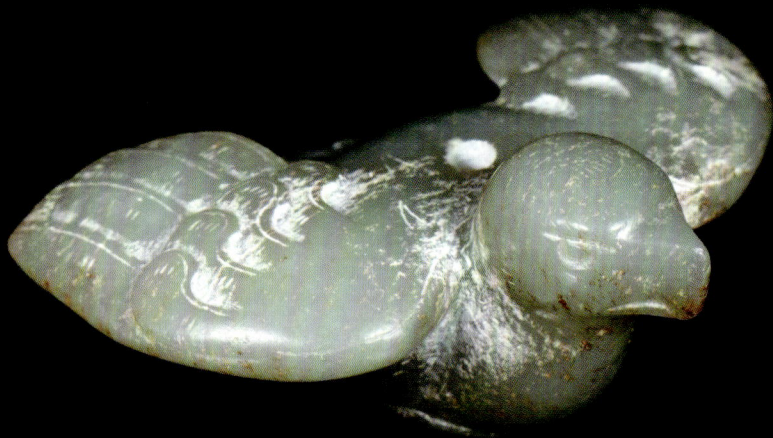

325

英雄（鹰熊）

长：5.2cm　宽：3.1cm　高：6.5cm

瑞兽上巧雕一只鹦鹉，羽翅用网格纹和平行阴线表现。利爪紧扣兽皮，下雕瑞兽，形如狮，端坐，口微张，口有獠牙，腹部采用阴线纹修饰，威风凛凛，首部与鹦鹉喙相接，红褐沁色深入玉肌，局部可见灰皮。圆雕层次多达四层，鹦鹉谐音"英武"，取"英明神武"之意。

326

人熊镇

长：4.9cm 宽：4.5cm 高：4.9cm

熊呈蹲坐状，前掌抚膝，后足抓地。圆耳贴颅，鼻翼翕张，嘴角阴刻放射纹表现鬃毛。背脊线贯穿首尾，尾部碾琢细密节纹。青黄玉质带朱砂沁斑，憨拙造型中暗藏猛兽精气。

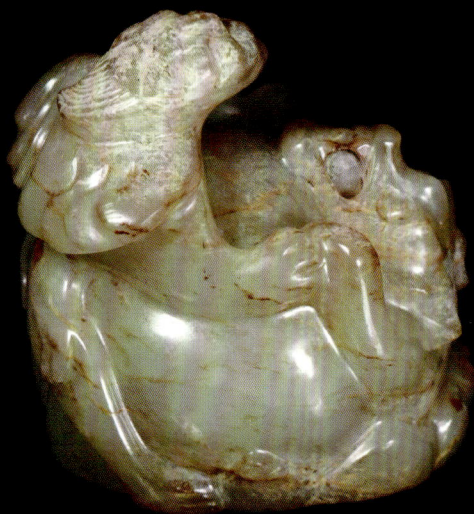

327

谷纹卷尾龙

长：5.0cm 宽：3.7 cm

龙首方颚阔吻，卷云形独角后掠，长尾回卷成环。谷纹排列整齐，每粒纹饰带双阴线勾连。局部显露青玉底质。卷尾设计暗合"天圆地方"理念，古朴雄浑。

328

谷纹S形龙

长：8.7cm　宽：4.8cm

龙身蜿蜒呈S形，脊线如波浪起伏，尾部卷曲回勾。周身满布浮雕谷纹，颗粒圆鼓如粟，阴刻游丝描线勾勒旋涡纹底。爪部张力十足。玉质熟旧泛灰皮，动态造型彰显力量与韵律之美。

329

镂雕玉璜

长：11.2cm 宽：3.1cm

弧形片状体，璜身采用双层镂空技法，地子平整如镜，纹饰层叠错落如行云流水。
青白玉质透光性佳，边缘处可见绺裂自然沁入。

330

回首龙

长：13.7cm 宽：5.0cm

龙身呈 S 形遒劲回旋，龙首转颈回望，独角如钩破空。周身满布卷云纹，青黄玉质通体灰皮。此为汉代圆雕龙佩标准件，扭转姿态暗合阴阳循环之道。

双虎玉环

长：6.1cm　宽：3.6cm

双虎相向匍匐，前爪交叠呈嬉戏状，尾部绞缠成环。虎斑用细密网格纹表现，眼眶斜刀深刻，突出威猛之姿。玉质熟旧泛褐沁，刚柔并济，展现猛兽温情瞬间。

332

回首兽

长：6.0cm 宽：1.9cm 高：3.8cm

此兽雕件取白玉为材，玉质莹润细腻，兽作回首状，神态温顺，造型生动，工艺精湛。

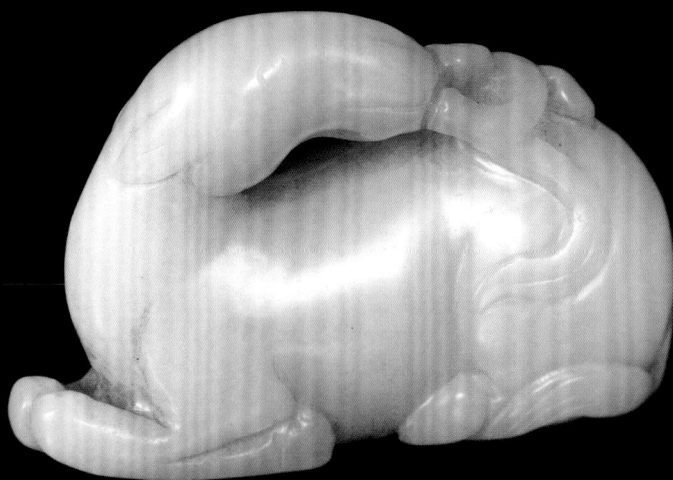

333

嵌松石玉瑗

直径：7.8cm

瑗是我国从新石器时代流传下来的一种臂饰，扁圆而有大孔，作扁圆环形。此件玉瑗受沁自然，满饰云雷纹，局部嵌松石点缀，趣味横生。

镂空龙纹玉饰

直径：8cm

青白玉，为不规整圆形，器部边缘有小凸起，其中透雕龙纹，极富动感。雕琢细致，遒劲有力。该玉饰工艺精致，线条纤秀匀净，古韵十足。

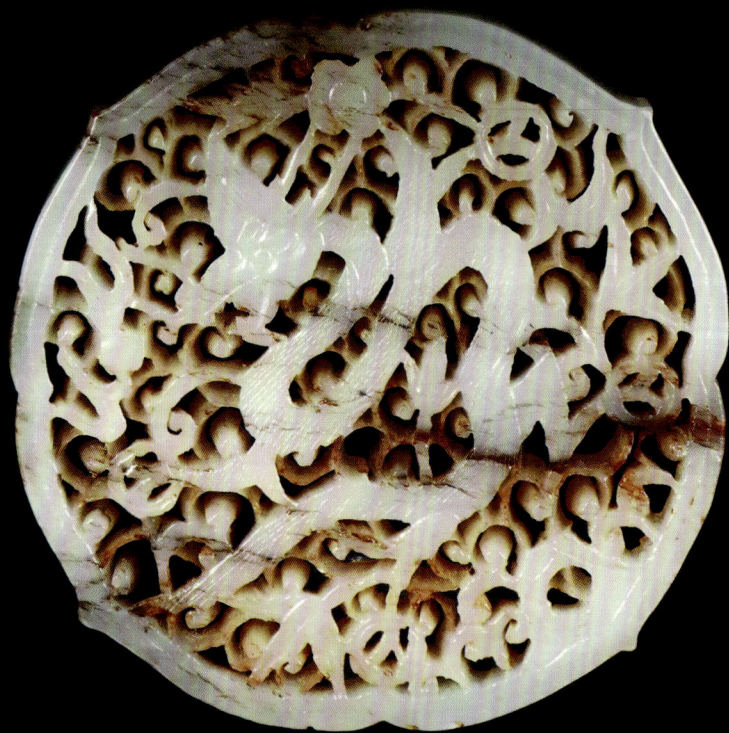

335

猴子

长：4.3cm 宽：3.9cm 高：6.4cm

本品为白玉圆雕而成，受沁均匀，玉质细润，料性极佳，油脂光泽，手感润滑。"猴"与"侯"谐音，是古代贵族爵位中的第二等，地位高贵。

336

子母熊

长：7.4cm 宽：4.1cm 高：4.3cm

该器玉质细腻，玉色莹润，局部有沁。采用圆雕结合阴线刻画的方式，形象展现出母子二兽相依相守的动态和神韵。母兽站姿回首，子兽居其背，身形玲珑讨喜。在各种动物摆件中，尤以"子母"为主题的动物摆件十分常见且受人喜爱。该器技法纯熟精良，造型独特，保存完好。

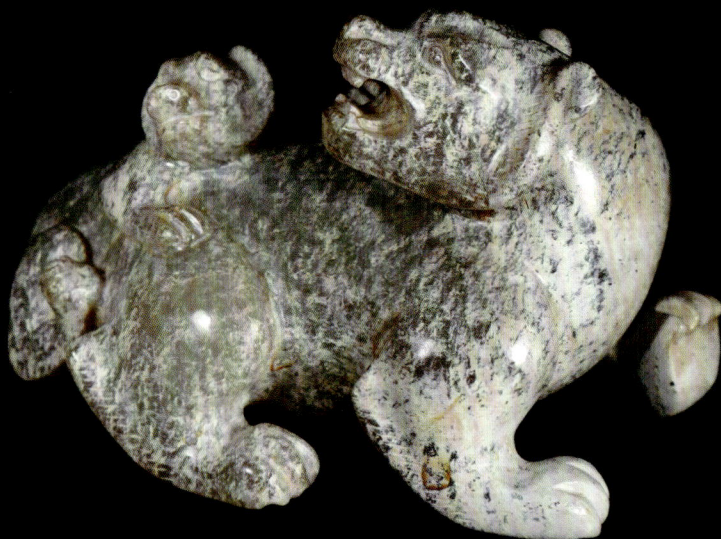

337

肥马

长：5.4cm 宽：3.2cm 高：4.0cm

此物选用圆雕技法制成，颈项鬃毛垂于两侧，和顺自然。马身圆硕，性情温良，蜷肢伏卧，似在休憩。在传世圆雕作品中，马的造型相对较多，古人巧借这种造型的谐音，表达马到成功之意。

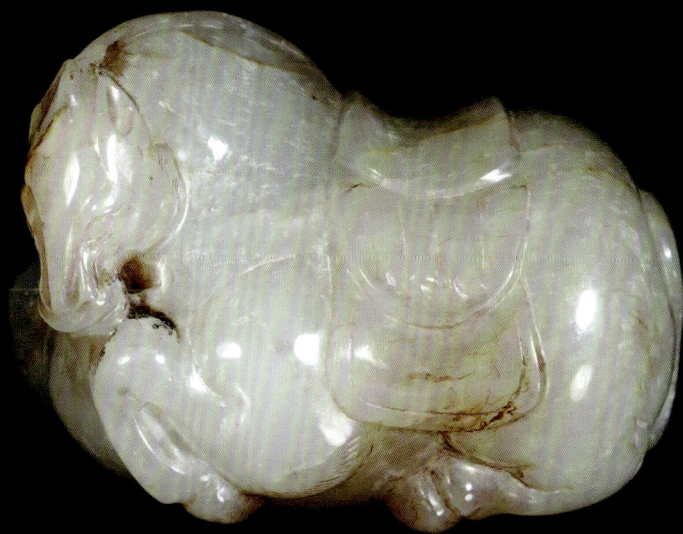

338

小青玉兽

长：5.5cm 宽：2.6cm 高：4.3cm

此物选用圆雕技法制成，兽身圆硕，性情温良，以阴线刻五官，刀法细致入微。姿态写实，栩栩如生，可把玩，亦可作镇纸之用。

339

瑞兽

长：9.4cm 宽：4.6cm 高：3.9cm

瑞兽呈卧状，大眼高鼻，以细阴线表示颈部鬃毛，四肢健壮有力。瑞兽刻画细腻，生动逼真，体态温和，憨态可掬。此件卧兽玉质细腻，色泽古雅，令人爱不释手。

这两枚玉舞人佩均为白玉质，整体扁平片雕。玉舞人五官、袖口、裙摆等部位饰以简洁的线条，曲线优美。人物的服饰、表情等刻画细致入微，自然流畅。

341

玉抚琴跪人

长：4.5cm　宽：2.3cm　高：4.4cm

玉人为圆雕，白玉质，细腻莹润。作跪坐状，双手抚琴，圆脸，闭口凸鼻，身着衣饰，交领垂于胸前。

342

玉坐人

长：4.4cm 宽：3.5cm 高：6.6cm

此件玉质细腻莹润，局部受沁，圆雕坐人，水滴眼，桥式鼻，用游丝毛雕表现发髻，袖袍合手，微扬首静坐。

343

玉跪熊

长：4.1cm 宽：3.9cm 高：3.9cm

白玉质，色泽温润，局部受沁。熊体圆雕，呈跪姿，造型生动形象，雕工精巧，小巧精致，适合把玩。

345

玉立人

宽：2.7cm 高：9.3cm

玉质温润光滑，油润性强，表面褐色沁，圆雕而成，将玉人形态惟妙惟肖地刻画出来。

346

玉仙人骑兽

长：6.3cm 宽：3.3cm 高：4.3cm

白玉质地，通透润泽，有红褐色沁斑。圆雕瑞兽呈伏卧状，曲颈昂首，张口吐舌。仙人尾部上翘，双手抚兽颈部，骑于兽背之上，反映了当时神仙方术之盛行。

长: 6.4cm　宽: 4.3cm　高: 6.6cm

局部有色沁，包浆厚重。人物呈坐姿，鼓乐者双手各持一锣鼓，形象憨态可掬。

348

玉立人

长：4.6cm 宽：1.1cm

微型玉人站立持物，高冠细腰，足部渐收如锥。白玉带蚂蚁脚沁，五官用砣具点刻。

长：5.8cm 宽：2.4cm

马首写实精准，鼻孔扩张，鬃毛以平行阴线刻画。青玉带灰沁，颈部断口呈榫卯结构，或原为车马器构件。

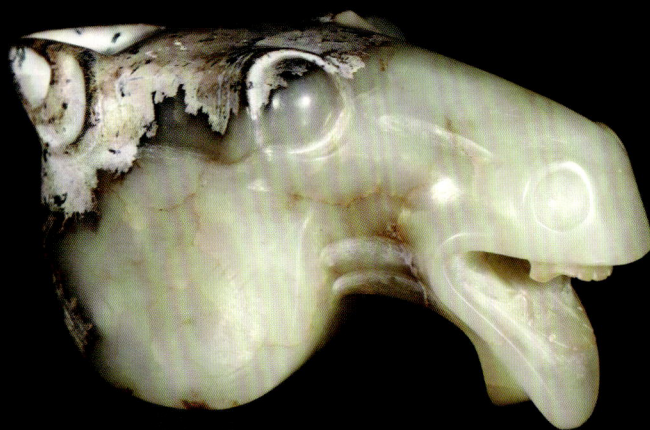

350

玉凤鸟

长：10.8cm 宽：3.0cm 高：5.0cm

此件凤鸟呈蹲姿，鸟首平视，尖头，鼓胸，圆眼，尖喙，两翼收拢，尾巴较长，以弯曲线纹饰翅膀，勾勒出羽毛层次，受沁，形态逼真。

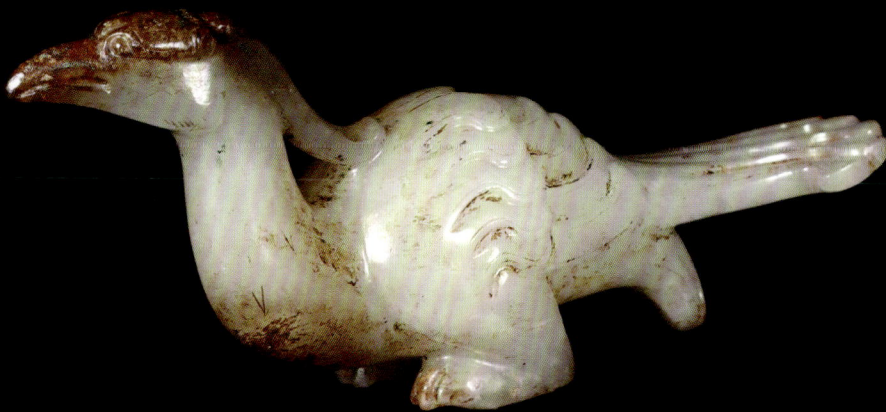

长：9.1cm　宽：2.4cm　高：3.6cm

玉羊为圆雕，局部有褐色沁斑。羊呈卧姿，昂首目视前方，双角弯曲盘于头两侧，神态生动。

一

352

玉鸭

长：4.3cm　宽：2.0cm　高：3.4cm

圆雕鸭曲颈垂首，蹼足收于腹下。黄玉带桂花沁，造型憨拙。

玉鸳鸯

长：6.0cm 宽：2.5cm 高：3.5cm

圆雕鸳鸯一对，白玉制成，莹泽温润。鸳鸯回首互望，圆眼，尖喙，神情温驯祥和，线条细腻流畅，刻画生动传神，体态优美典雅。

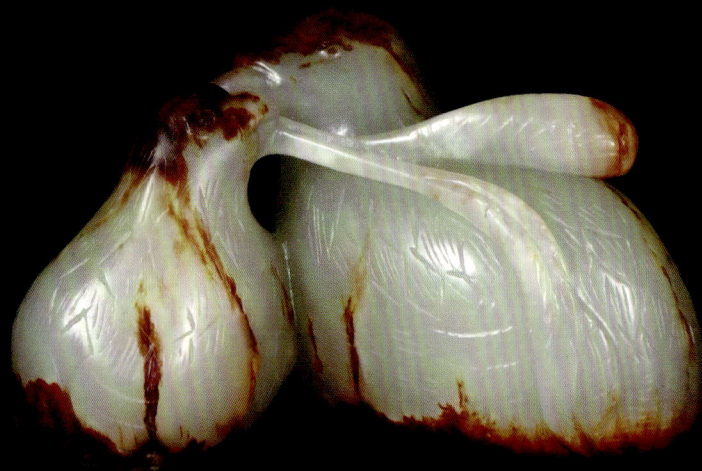

354

玉凤鸟形饰

长：6.9cm　宽：4.0cm

此件凤鸟呈俯卧姿，鸟首微垂，圆头，圆眼，尖喙，两翼舒展，以弯曲线纹饰翅膀，勾勒出羽毛层次，受沁，形态可爱。

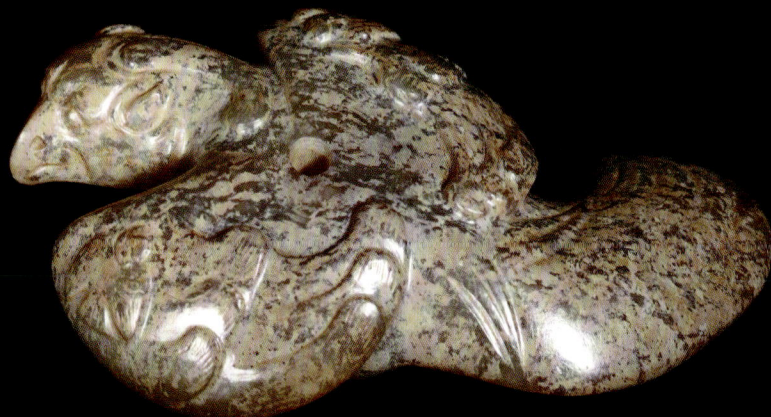

长：5cm 宽：1.3cm 高：3cm

青玉质，圆雕。狗呈半趴卧状，前爪对合，后爪蜷缩于身下。回首，头部有穿孔以供佩戴。

356

玉鱼形饰

长：7.2cm 宽：2.0cm

此佩低首弓背，鱼尾。吻部、尾部较平，呈拱背跳跃之姿，口部有一孔，以备系佩。纹饰古朴，造型生动别致，刻工精细。

357

黄玉鱼衔枝饰

长：9.6cm 宽：3.2cm

黄玉质，局部有沁色，呈扁平状，雕琢成鱼衔枝形态。双面施工，造型生动逼真，鱼鳞清晰可见，线条流畅自然。

358

玉蝉

长：7.2cm 宽：3.2cm

白玉质，莹洁温润，局部受沁。玉蝉扁平体，双目外凸，蝉尾与双翅呈三角形锋尖，双翅长于尾部。整体轮廓简洁，线条刚劲挺拔，刀法简洁有力，琢工娴熟。

359

辟邪

长：10.6cm 宽：4.0cm 高：9.0cm

此件辟邪瑞兽以白玉雕琢，玉料细腻温润，光气纯熟。整体作一昂首的辟邪造型，辟邪身躯粗壮有力，肌肉遒劲，雄浑威严，线条流畅游劲，姿态神武俊秀，震慑人心。

360

牛

长：5.7cm 宽：3.3cm 高：2.7cm

此件玉雕卧牛以整块白玉圆雕而成，造型精准，意趣生动。牛体形健硕，牛首前伸微昂，高鼻阔口，目视前方，双目炯炯有神，悠闲自得，四肢均屈于腹下，牛尾上卷。身体肌理明显，神态刻画生动，形象温顺憨实，给人以安详之感。

361

鳜鱼

长：9.6cm 宽：7.5cm 高：1.9cm

玉饰整体呈鳜鱼造型，鱼身肥硕，鱼鳞清晰可见，鱼眼圆睁，尾部上雕一荷叶，神态生动，栩栩如生。玉质温润细腻，色泽柔和，光洁莹润。雕刻技艺精湛，刀法细腻流畅，线条优美自然。鳜鱼在中国传统文化中象征着富贵、吉祥和美好。"鳜"与"贵"谐音，寓意着富贵吉祥；"鱼"与"余"谐音，寓意着年年有余。

362

卧猪一对

长: 11.5cm 宽: 2.4cm 高: 2.4cm

白玉，圆雕卧伏猪形，表面以宽深阴刻线勾勒轮廓。玉猪是汉代具有特征性的殓玉，常于墓葬中出土。通体光素无纹，刀法简洁明快。

363

玉舞人

宽：2.9cm 高：5.9cm

玉舞人的造型轻盈灵动，线条流畅，展现了古代舞者的优雅姿态。玉质温润，雕刻精细，舞者栩栩如生，反映了古代的舞蹈艺术与人们对美的追求。

364

熊形砚滴

长：5.1cm　宽：4.6cm　高：5.8cm

熊呈蹲坐状，毛发用细密短阴线刻画，爪部关节以圆弧刀强调敦实感。青玉质带水银沁，文房雅器匠心独运，憨态可掬，犹存猛兽精气。

熊形砚滴

365

玉辟邪

长：6.7cm 宽：4.0cm 高：4.1cm

神兽呈蹲踞状，独角后扬，双翼收拢贴背，爪如弯钩。黄玉满布网状灰沁，肌肉块面以汉八刀技法呈现，怒目阔口，具有辟邪镇墓神兽雄浑的气韵。

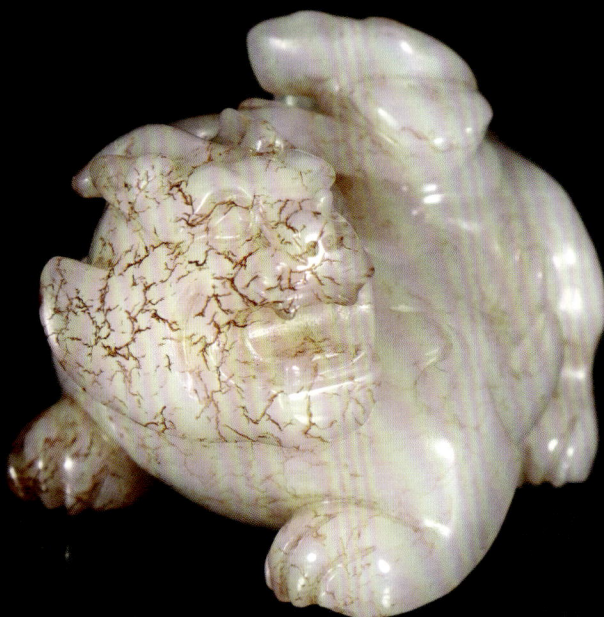

366

玉凤鸟

长：3.8cm 高：2.7cm

凤鸟回首衔尾，冠羽如灵芝上扬。灰白玉满布牛毛纹，翅尖透雕卷云纹。

368

玉人

长：2.4cm 宽：2.2cm 高：3.4cm

人物面部简化，简单刻画以长鼻、小眼、大耳，青玉质通体灰皮。把玩件，稚拙造型反映世俗审美趣味。

369

玉鸮

长：8.2cm

玉质温润，表面可见浅褐色沁斑，鸮形立体雕刻，双目圆睁，喙部尖锐，双翅收拢，尾部线条简洁，整体造型古朴。

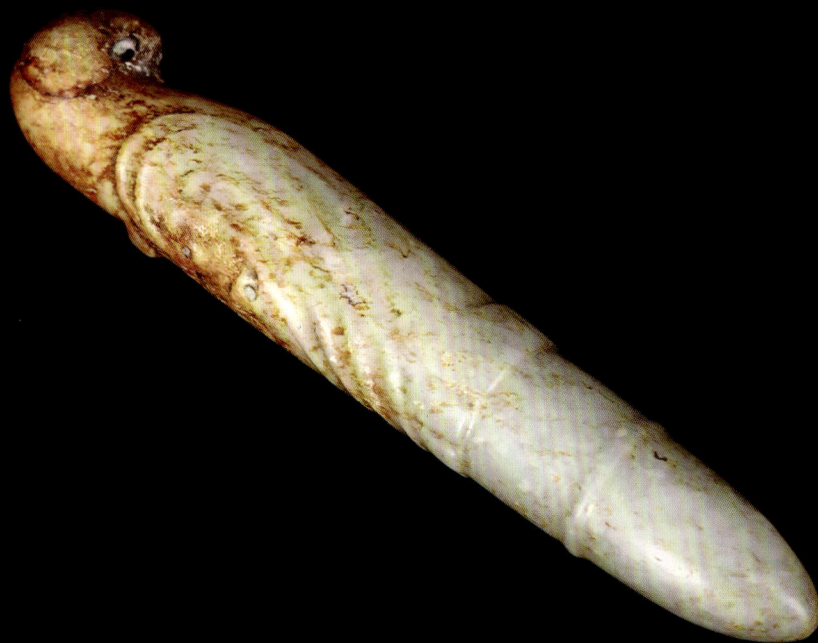

370

玉蝉

长：4.5cm 宽：2.6cm

蝉体扁平，双翼雕叶脉纹。黄玉带饭糁沁，造型简练刚劲，符合汉代琀蝉，含玉葬俗，寓意羽化重生。

372

玉高冠人佩

宽：1.7cm　高：4.5cm

白玉质，细腻莹润。玉人为圆雕，单膝跪地状，高冠，双手置于腰侧，身着衣饰，面带微笑，雕刻精巧，惟妙惟肖。

373

人面玉牌

长：6.4cm 宽：5.1cm

玉牌椭圆形，外璧刻人面纹，充满神秘深沉的气息。整器线条细密，纹饰简洁，沁色自然，器表打磨光润，造型拙朴，别具一番古雅韵致。

374

双首玉饰

长：7.6cm 宽：3.0cm

玉质温润细腻，局部受沁，玉饰采用对称设计，两端各雕琢一兽首，兽首造型抽象夸张，线条简洁流畅，造型独特，工艺精湛，包浆莹润，展现出一种神秘而古朴的美感。

冠体透雕神人驭兽纹，神人戴羽冠持法器，兽身蜷曲成冠形。造型独特，实为罕见。

376

玉谷纹勒子

高：8.5cm 直径：1.7cm

白玉质，器呈圆柱形，玉质油润细腻，局部有沁，器身用压地浅浮雕作谷纹，谷纹形如蝌蚪，又似刚刚发芽的稻谷。中贯孔，应该是用于穿带的配件。

377

玉胡人献宝带板

长：4.2cm 宽：4.2cm

玉料白色，局部受沁，呈方形，正面减地浮雕胡人献宝图案，背面平素无纹，有四
对穿隧孔，以供结系用。

378

玉鸮形龙纹佩

长：9.8cm　宽：4.4cm

白玉质，呈扁平状，局部受沁。鸮鸟与龙纹巧妙结合，形成和谐统一的整体，线条流畅，细节刻画细腻，姿态生动。鸮鸟是夜间的王者，代表着神秘与智慧；龙则象征着力量与祥瑞。

379

玉螭龙纹鸡心佩

长：6.5cm　宽：3.1cm　高：2.6cm

白玉种，局部带有沁色，透雕螭龙纹鞢形佩。此佩器型小巧，纹饰美。以高浮雕、透雕技法琢出螭龙，攀爬于中间椭圆形玉饰上。造型精致，保存完好。

380

玉夔龙纹勒子

高：3.7cm 直径：1.3cm

籽料玉质。玉勒周身满工，器身雕刻夔龙纹，整体纹饰排列有序，疏密有致，古意盎然。

玉夔龙纹勒子

381

玉谷纹勒子

高: 4.8cm 直径: 1.8cm

白玉, 器呈圆柱形, 玉质油润细腻, 大面积受沁, 器身用压地浅浮雕作谷纹, 谷纹形如蝌蚪, 又似刚刚发芽的稻谷。中贯孔, 应该是穿带的配件。

382

柱状饰

高：6.9cm　直径：1.5cm

玉管形制高古，质地细腻莹润，管状，器身刻纹饰，线条流畅，典雅古朴，包浆自然，
赏玩佳器。

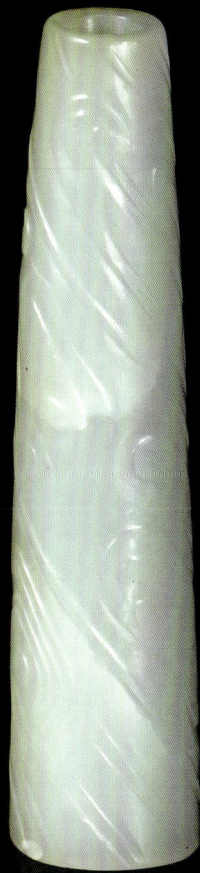

383

护心佩

长：12.2cm 宽：7.9cm

白玉质，受红色沁。器大体呈椭圆形，整体镂雕而成，琢饰龙纹，形态凶猛威严。周饰如意形卷云纹，于底纹相互交错，层次丰富。

384

谷纹环

直径：7.3cm

玉料呈青白色，环身两面均有沁斑，质地温润。环体扁平，呈正圆形，中央钻一圆形透孔，以备佩系；孔壁直，沿玉环边缘雕刻阴线轮廓线，两面肉部均饰谷纹。此璧雕琢精细，保存完好。

385

束腰勒子

高：4.7cm 直径：1.6cm

玉呈白色，质地细腻温润，局部有沁。器体立面呈束腰的圆柱体，两端平齐，口径有大小，玲珑精致。器身琢通天孔，多挂于胸前或腰间，多单独佩戴使用，也可与其他玉饰组合搭配。此器沁色自然，老气横秋，古朴自然。

束腰勒子

386

卷云纹玉饰

长：3.2cm 宽：2.3cm 高：4.5cm

玉饰整体呈长方体，造型小巧玲珑，表面采用浮雕技法，雕刻出精美的卷云纹，纹饰线条流畅，婉转曲折，如同天空中飘浮的云朵。雕刻技艺精湛，玉质温润细腻。

387

卷云纹剑卫

长：9.6cm　宽：2.3cm　高：1.4cm

黄白玉，长条形，两端略转角弯曲，下部有方形隧孔，器表浅浮雕卷云纹。边缘光滑流畅，造型简洁大方，线条优美自然。

388

柱形饰

宽：1.5cm 高：6.5cm

柱形饰件两端收束，表面浅浮雕勾连谷纹，纹饰间刻弦纹为界。孔道内壁保留管钻痕，青玉质通体灰皮。简约纹样暗含天地秩序。

389

谷纹勒子

长：2.0cm 宽：1.9cm 高：4.1cm

长管形勒身满布凸雕卷纹。孔道两端作喇叭口，白玉质地带褐沁。玉管典型器，纹样排列暗合天体运行规律。

390

双凤玉饰

长： 5.3cm　**宽：** 3.8cm

此件玉佩以浅浮雕、镂雕、阴刻等技法雕刻双凤造型，两凤相对，冠、喙、胸、尾相连接，冠羽相接，凤尾、尖喙卷曲，具有强烈动感，呈现出抽象化、几何化的装饰风格，镂空处规矩，如峻壁峭立，边沿棱角分明。

391

白玉释迦牟尼佩

直径： 5.6cm

玉佩呈圆形，白玉质地细腻温润，正面浮雕释迦牟尼佛头像，佛像面容慈祥宁静，双目微闭，嘴角含笑，仿佛在俯视众生。雕刻技艺精湛，刀法细腻流畅，线条优美自然，将佛像的面部表情、五官细节都刻画得栩栩如生。

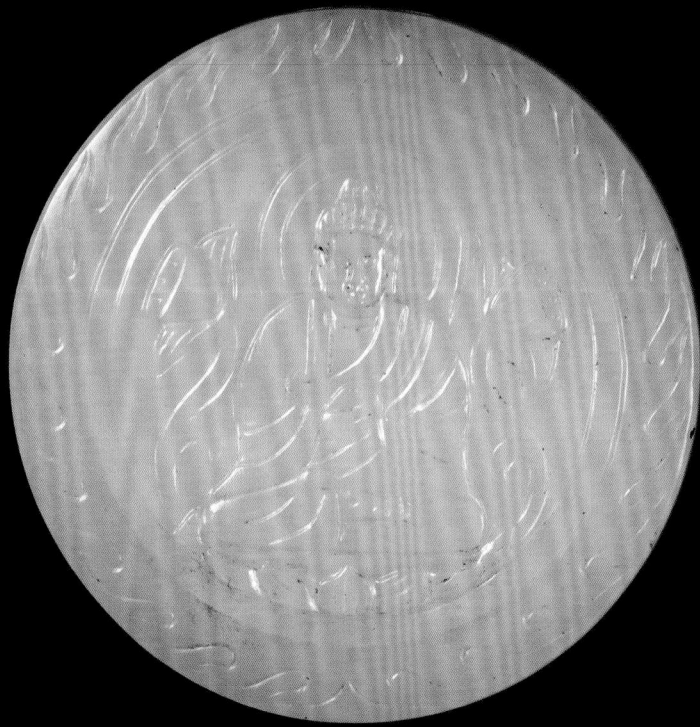

392

白玉神人纹佩

长: 7.9cm 宽: 7.6cm

玉质为白玉，质地细腻温润。佩呈扁平状，整体造型规整对称，玉佩正面采用镂雕技法，雕刻有神人纹饰，身躯修长，四肢舒展，姿态庄重肃穆，仿佛正在施展法力或进行某种仪式。雕工精湛，保存基本完好。

393

鸡心佩

长：7.3cm 宽：4.2cm

心形佩身中央透雕孔，边缘作齿状出脊，两面浅浮雕勾连云纹。白玉质地带饭糁沁，造型规范，体现礼玉制度。

394

玉鸟

长：5.7cm 宽：2.3cm 高：3.5cm

圆雕立鸟昂首挺胸，尾羽自然下垂。翅羽以平行阴线刻画，造型憨态可掬。

395

玉玦

直径：11.5cm

环形缺玦，内壁打磨如镜，缺口处残留切割痕。局部显露青玉质地。古朴浑厚彰显
礼器庄重之气。

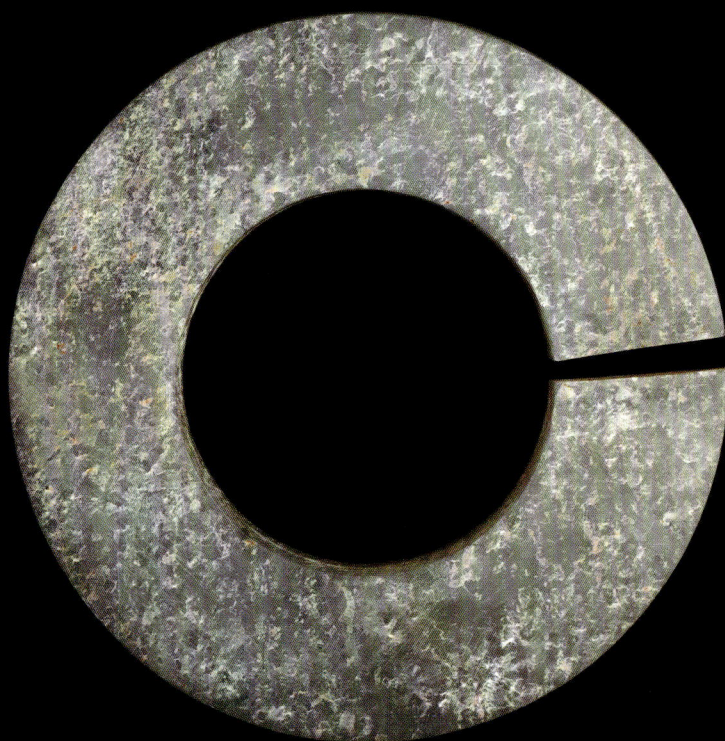

396

玉马

长：5.7cm 宽：1.9cm 高：3.2cm

卧马，鬃毛以浅浮雕刻画表现，肌肉块面分明。青玉满布蚂蚁脚沁，蹄部刻线区分关节。

397

玉鸮柄形饰

长：8.5cm 宽：1.4cm

白玉质，呈扁平状，局部受沁。鸮鸟头部透雕两圆眼，整体纹饰朴素大气，沉静典雅。

398

龙形笔架

长：12.7cm 高：4.4cm

笔架取龙盘绕造型，龙身婉转，极富动感。玉质细腻温润，打磨光滑。与本品造型
相仿者，以铜制常见，玉制并不多见，是一件难得的文房佳器。

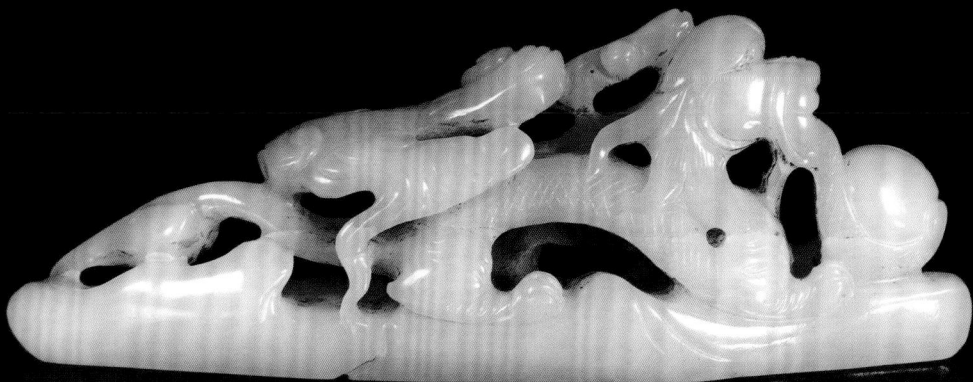

400

玉冲牙

长：9.5cm 宽：2.6cm

玉冲牙整体呈长条形，一端尖锐，另一端平齐，器身上部略宽，造型简洁大方。玉质温润细腻，色泽柔和，雕刻技艺精湛。玉冲牙是古代重要的礼器之一，主要用于解结，象征着智慧和能力。

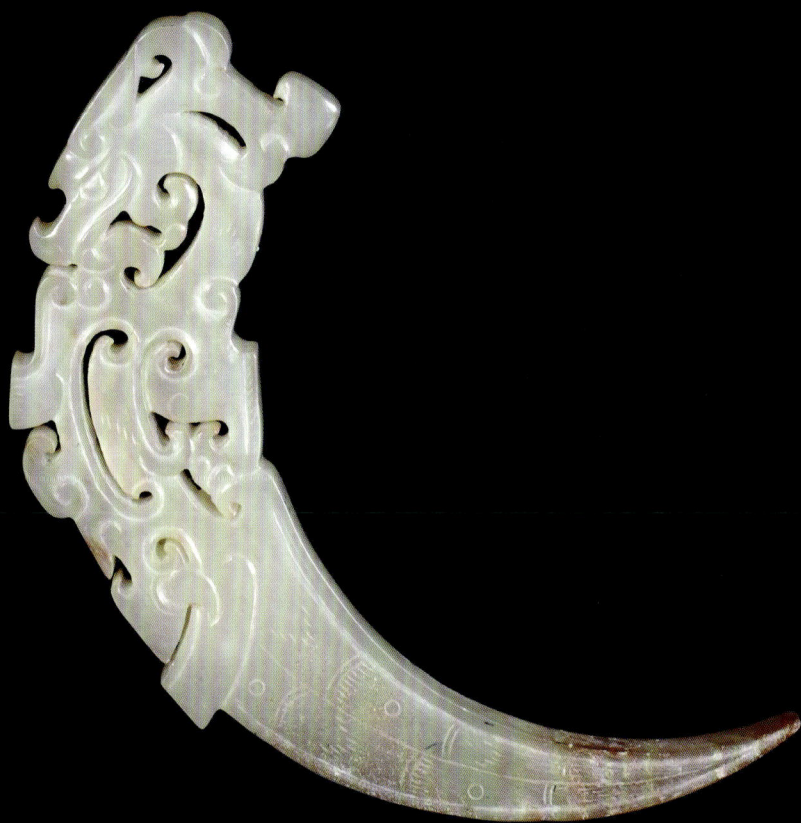

426

402

S形龙一对

长：12.6cm 宽：8.2cm

白玉质地，包浆滋润，局部有沁斑。龙佩呈S形片状，龙首上扬，锐耳外露，龙身弓起，中部有一小孔，龙尾回卷。其身姿生动，造型利落，保存完好。

403

玉刀

长：15.2cm 宽：3.2cm

玉质温润细腻，局部受沁。玉饰整体呈长条形，刀身狭长，刀锋尖锐，刀柄短小，造型简洁流畅。雕刻技艺精湛，将刀身的弧度、刀锋的锐利都刻画得恰到好处。刀是古代重要的兵器之一，象征着勇气、力量和正义。

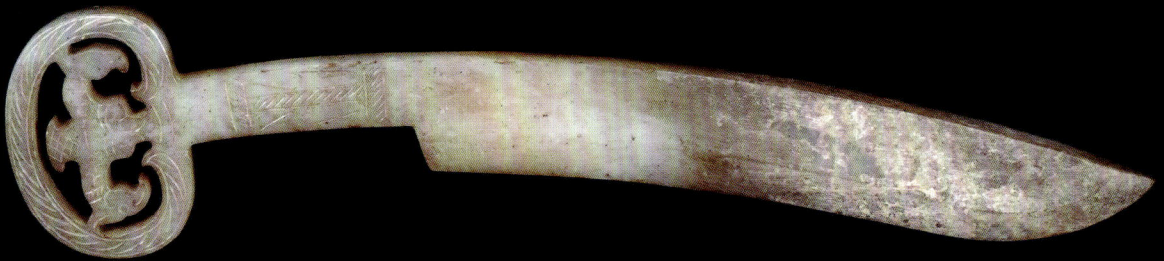

404

兽面纹玉戈

长：22cm 宽：5.5cm

玉质，局部有浅褐色沁斑、扁平，援两侧磨成刃，中部有一条自尖到内的脊线，前端尖锐并呈三角形，内两面均刻双勾线兽面纹，末端有一残孔。

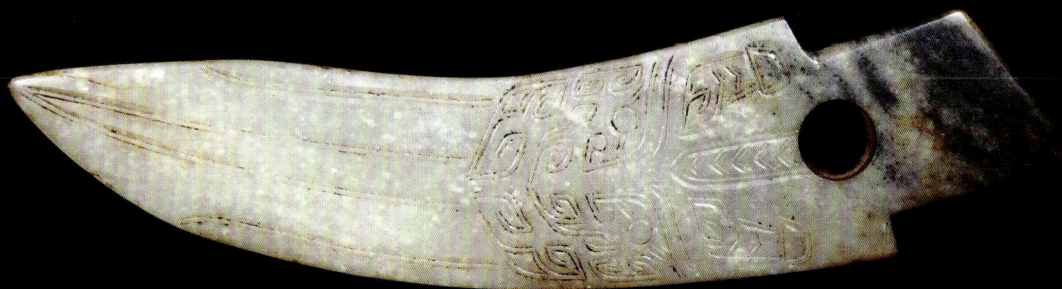

405

玉螭虎纹璜

长：8.8cm　宽：2.3cm

器呈圆弧形，两端有小圆孔用以穿系丝绳佩挂。两面花纹相同，雕螭虎纹，造型独特。

406

玉梳

长：8.7cm 宽：5.6cm

梳背呈半月形，等距排列十二齿，齿尖渐收如柳叶。青白玉质泛黄沁，梳脊以游丝
毛雕工艺刻花纹。此梳实用性与艺术性兼备，线条刚柔相济，体现砣工精妙。

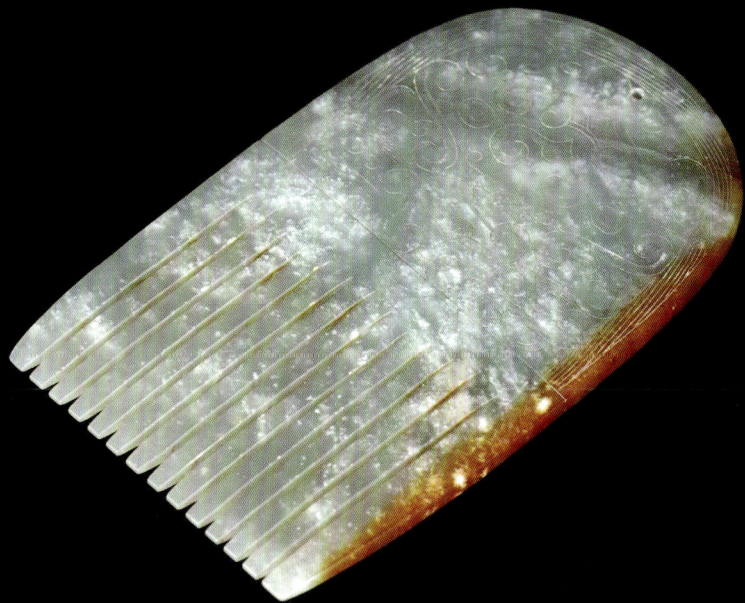

407

玉戈

长：10.8cm 宽：4.8cm

玉饰整体呈戈形，援部狭长，锋刃尖锐，内部有穿孔，可用于穿绳佩戴。玉饰表面
采用镂雕技法，纹饰线条流畅，雕刻技艺精湛。

螭龙剑璲

长：10.0cm 宽：2.5cm 高：2.4cm

白玉质地，温润细腻，大面积受沁。璲体呈长方条状，两端出檐，且向下微卷。器表高浮雕一螭龙，身躯蜿蜒。背面是长方形的仓，仓的侧面是贯穿革带的透孔，作穿系之用。剑璲又称剑鼻，《说文·玉部》："璲剑鼻玉饰也。"玉剑璲属玉剑饰的一种，通常与剑首、剑格和剑珌为一组。玉剑璲造型为长条形，是装饰在剑鞘上方一侧，用来贯带系剑于腰部的器物。

螭龙剑璲

409

牛首玉饰

宽：2.8cm 高：5.5cm

牛首双角弯曲，鼻环穿孔采用扩孔技法，眼眶以斜刀深刻突出神采。青玉质带黄沁。

牛首是农耕文化象征物，此件刀法洗练，尽显力量之美。

410

兽面

长：4.3cm 宽：3.5cm

兽面呈"臣"字眼，卷云鼻，獠牙外露采用减地法凸出。额部刻涡纹，双角作勾连云纹。
灰白玉质带水银沁，整件玉器神秘狞厉，犹存上古巫风特色。

411

高冠兽面

宽：3.5cm 高：5.2cm

兽面额头刻竖纹，双眉作勾连谷纹，獠牙透雕技法精湛。颊部压地隐起卷云纹，灰
白玉质带水银沁。此件属于辟邪玉牌精品，狰狞中蕴含神秘力量。

412

兔管

高：5.9cm 宽：1.8cm

长耳兔蹲踞管端，四爪捧杵，管身两端浅浮雕三圈棱纹，白玉质地带黄沁。

413

玉卷云纹琮

高：3.6cm 直径：6.1cm

玉质细白、油润，包浆熟厚。玉琮外方内圆，表面浅浮雕卷云纹，工艺精美。

414

玉方璧

长：5.1cm 宽：4.8cm

玉璧是古代重要的礼器。这件玉璧大面积受沁，呈现出古朴的质感，雕刻精细，纹饰精美，器型方圆，厚度适中。

415

玉双虎头璜

长：12.3cm　宽：2.8cm

玉璜在中国古代与玉琮、玉璧、玉圭、玉璋、玉琥等被《周礼》称为是"以玉作六器，以礼天地四方"的玉礼器。此玉璜两端雕琢成写意的虎头，双面雕工，呈对称的布局，玉璜两端有对穿孔，受沁后色泽深沉，表面灰皮自然，光气老到。

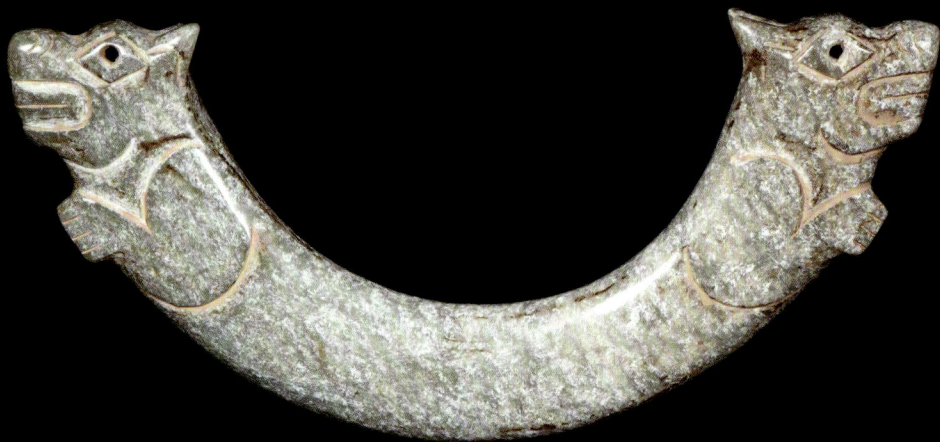

416

玉饰

长：8.3cm 宽：3.8cm

这件玉饰局部受沁，古朴精巧，雕刻细腻，包浆自然，古韵十足，保存完好。

417

鸡心佩

长：6.6cm 宽：5.6cm 高：3.8cm

此佩白玉质地，局部受沁，大体呈椭圆形，中心为一方孔，边缘出廓雕螭龙纹，工艺精细。

418

素璧

直径：9.8cm

此玉璧尺寸适中，浑圆大气，周身布灰皮沁，光素无纹。整器制式高古，边缘的打磨顺势而为，玉璧色泽丰富，玉质的青绿色与灰皮沁交相辉映，呈现出斑驳陆离的视觉观感。

419

刘海戏蟾

高：6.4cm　宽：3.7cm

白玉质地，玉质油润细腻。以圆雕、镂雕结合而成，作刘海戏金蟾。刘海五官清晰，眉眼含笑，线条及立体感均处理得当，生动形象。金蟾在中国传统文化中相传可以口吐金钱，是旺财之物，"刘海戏蟾"寓意着财源滚滚。

420

出廓镂雕璧

长：13.2cm 宽：14.3cm

本品透雕出廓龙凤纹，飘逸灵动，龙凤或交缠，或盘踞，另有出廓部分为饰。此璧
以坚润白玉制作而成，谨慎敲之，可知其玉质细密，工艺非凡。

421

双凤出廓璧

长：16.6cm 宽：11.0cm

玉质色泽温润，晶莹细密，表面局部带白色钙化沁。璧呈正圆扁平体，璧身布满谷纹，两侧出廓各镂雕一凤鸟，细颈、勾喙、兽足，身躯细长折成双S形。本璧做工琢磨精细，活泼生动，包浆自然。

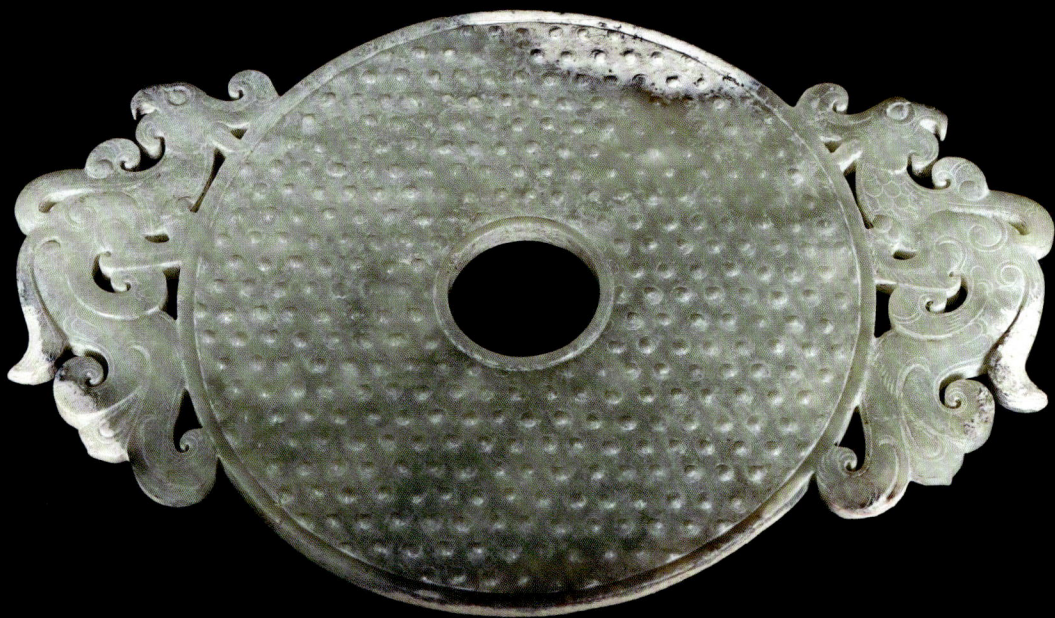

422

谷纹璧

直径： 21cm

玉璧青白色，玉质温润，受沁均匀。璧呈正圆扁平体，中央有孔，满饰谷纹，排列有序，边缘处有凹凸。整件设计精巧，造型精美。

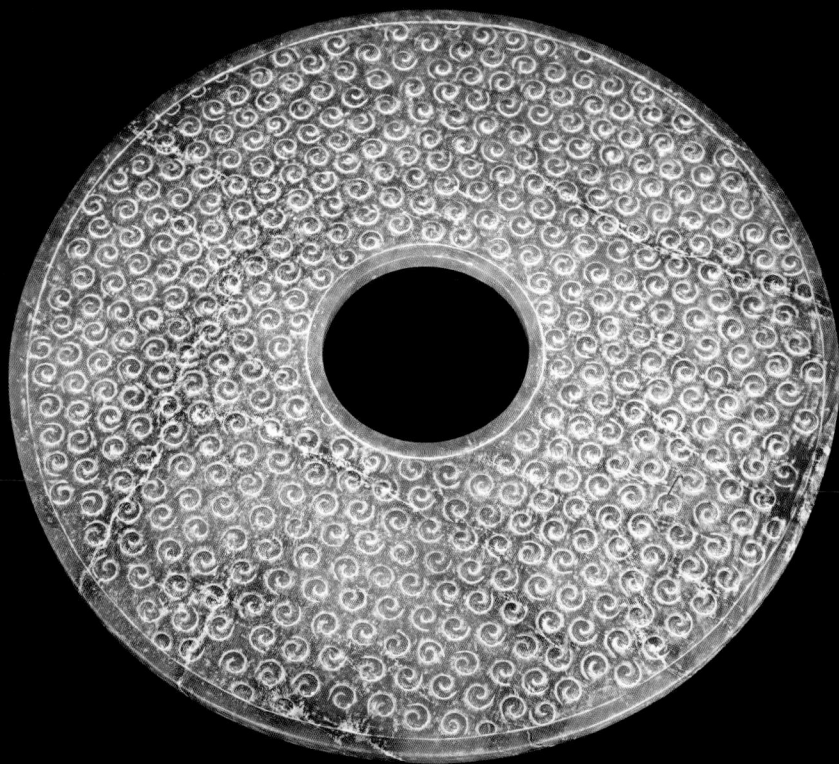

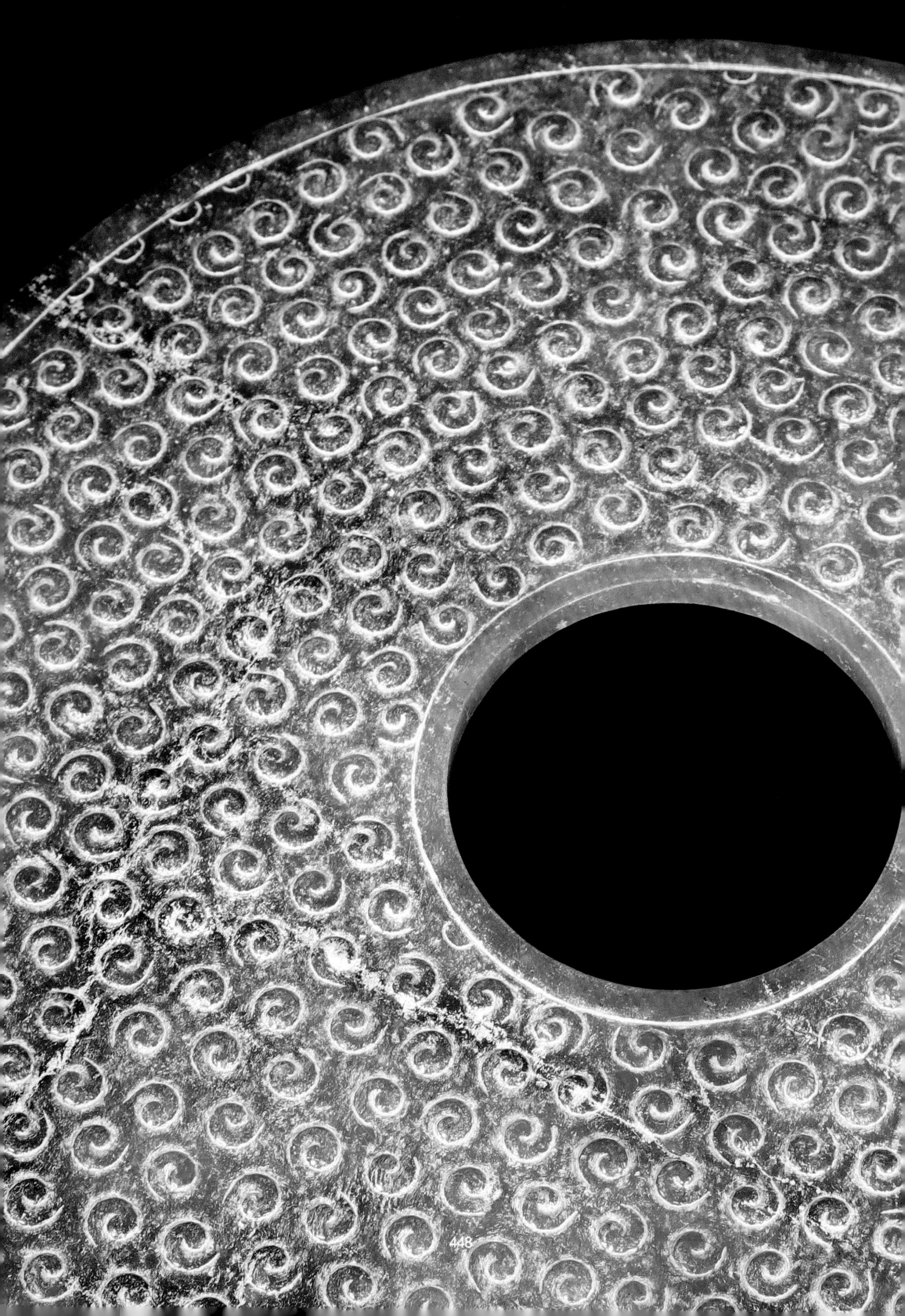

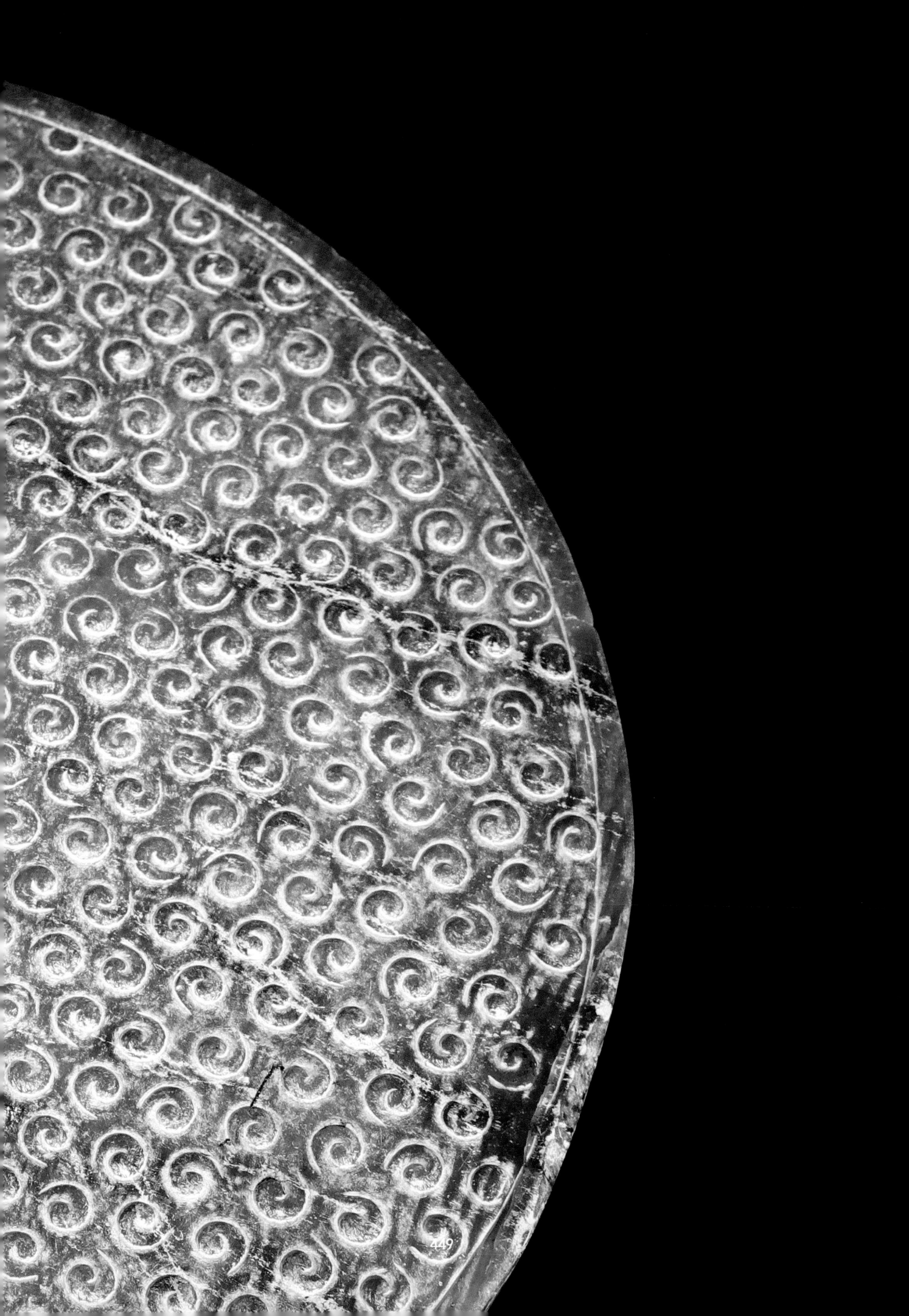

449

423

双龙镂雕玉饰

长：7.5cm 宽：5.1cm

佩呈扁平形，有沁斑，以双龙纹为主题，龙身曲折蜿蜒，龙形威猛。此器雕琢简练，打磨细致，保存完好。

424

鸡骨白玉璜一对

长：11.9cm 宽：2.6cm

玉质为鸡骨白，色泽柔和，有沁色。玉璜呈弧形，两端各有一穿孔，可用于穿绳佩戴。雕刻技艺精湛，线条优美自然，造型古朴典雅。玉璜是古代重要的礼器之一，主要用于祭祀和佩戴，象征着权力、地位和身份。

425

龙纹鸡心佩

长：7.4cm 宽：3.3cm

盾形轮廓透雕而成，侧身高浮雕螭龙攀一龙昂首挺胸。玉佩边缘作齿状出脊，白玉
质地，带洒金黄沁。

426

牛首

长: 3.2cm 宽: 1.8cm 高: 4.5cm

牛首双角上伸，青玉质通体灰皮，局部有红色土沁。有汉代农耕祭祀用玉之风，刚
劲线条彰显阳刚之美。

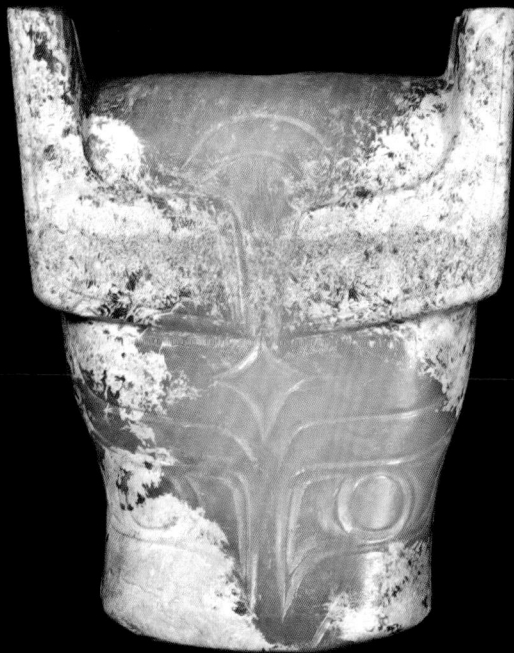

427

宽兽面

长：5.0cm 高：3.2cm

兽面形佩为白玉质，光泽熟润柔和。正面雕琢呈兽面形，兽面"臣"字眼造型标准，走刀利落有神，双勾隐起刀法，兽面脸颊方正宽厚、鼻翼饱满，造型精致典雅，兽面雕琢威严沉稳。

428

出廓玉琮

长：7.3cm 宽：6.0cm

环体剖面呈椭圆形，内外缘起脊，表面满布橘皮纹沁斑。青黄玉质带水银沁，局部显露玻璃光。

429

玉玦一对

直径：5.7cm/ 直径：5.9cm

《广韵》称玉玦"玦如环而有缺"，亦即状似圆环，环上有一缺口。本器成对，青玉质，色泽沉稳温润。扁体圆形，中有孔，圆环中有一缺口，玦身光素典雅，打磨平整光亮，造型古朴，体现出玉器简约美感。玉玦除作为耳饰或配挂之用外，又有遇满则缺之意，佩戴之以提醒自己不可自满。

430

龙龟

长：5.2cm 宽：3.2cm 高：2.6cm

龙首微回首，龙角微弯。四足压地隐起鳞片，背部刻画龟壳纹，尾部卷起成环。灰
白玉质通体水银沁。

431

玉蟾

长：4.2cm 宽：4.3cm

蟾匍匐蓄势，中间有孔，双眼圆凸采用对穿孔技法。灰白玉质带水银沁，造型精准，突破程式化表现。

432

玉人一对

宽：4.3cm 高：16.5cm／宽：3.9cm 高：16.5cm

人物双手交叠于身前，衣褶以斜坡刀法呈现垂坠感。面部简练，仅刻眉眼，白玉质地带朱砂沁。有战国祭祀玉人孪生制式，神秘肃穆中透显上古巫觋文化遗韵。

433

扁勒子

宽：2.5cm 高：4.8cm

长方体勒身浅浮雕螭龙纹，龙首采用减地法凸出立体感。灰白玉质带饭糁沁，孔道内壁可见螺旋砣痕，为组玉佩构件典型工艺，方寸间尽显琢玉水准。

434

八刀蝉

长：6.6cm 宽：3.0cm

白玉质地，细腻晶莹。扁体，中心略厚而两侧渐薄。玉蝉头部及双眼外凸，正反两面皆以宽阴线雕琢出头、胸、翅及尾部等。蝉尾及双翅呈倒锥形，末端尖利。虽刀法简单，然粗犷有力，线条挺拔，刀刀见锋。

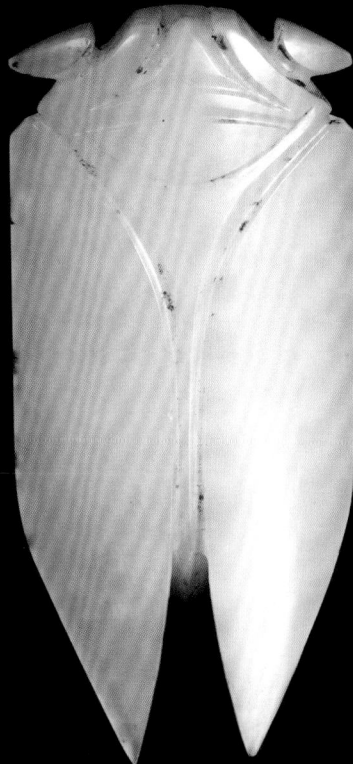

435

立人

宽：2.6cm　高：4.8cm

人物戴尖顶冠，双手持璋于胸前，衣纹用平行阴线表现垂感。面部仅刻双眼与鼻梁，白玉质地带褐沁。

后记

    我投身古玉收藏研究领域已有 20 余载，经营一家专业从事古玉交易的文物公司也快 18 年。我虽不敢自诩天资聪颖，但那份刻苦钻研的执着劲头却从未消减。尽管过程中我也吃了不少的"药"，但经年累月在古玉新、老、真、伪的判断方面还是积累了不少经验心得，又因亲身经历市场波动，对古玉价格评估体系和行业现状有着深刻的理解。

    《民间古玉集萃》中收录的古玉，是我与几位业内德才皆备的老行家，历经四十多个日夜，从三万多件民间藏玉中精心筛选出的。我们的筛选工作第一步，当然是新或老的认定，作为民间藏友，我认为这是最重要的一环。第二步，在认定为真品的基础上再来考虑材质、琢工的优劣，器型题材的稀缺性及受欢迎程度，等等。总之是严格把关，层层筛选，自认无愧于心。不过古玉鉴定即便竭尽所能，也难以统一所有观点，这是古董行业的固有属性。

    关于价格评估，我一贯秉持谨慎公正的原则。毕竟我有 18 年专营古玉的经验，既不夸大价值误导市场，也不刻意压价扰乱行情，所有估价都是基于对市场行情、品相等级、存世数量等多维度的考量。

    这次将图录出版，是希望能为民间古玉研究打开新局面，提供翔实的资料。若能让读者在翻阅时感受到传统古玉的光辉，在将来触摸器物时体会古代匠人的巧思，那么我们的忙碌也算是值了。

来杰

2025 年 3 月 18 日

Postscript

I have been engaged in the appreciation and collection of ancient jade for over twenty years and have managed a cultural relics company for nearly eighteen years. Although I do not dare to claim any extraordinary talent, my dedication to diligent study and deep research has never wavered. Over the years,despite falling for plenty of scams in collecting, I have gained some insights into the study of the shapes of artifacts, the evolution of their patinas, and the changes in craftsmanship. Moreover, having personally experienced the ups and downs of the market, I have a profound understanding of the valuation system for ancient jade and the ecology of the industry.

Together with several esteemed colleagues in the industry, we spent over forty days and nights examining more than thirty thousand pieces of folk jade. The selection method prioritizes the historical context and craftsmanship characteristics of the artifacts, supplemented by literature verification, and assesses the conformity of their shapes with typical artifacts of their era; analyzing the direction of tool marks, changes in patina, and the luster of the jade material, can be described as a layered and meticulous selection, with no shame in our hearts. However, the identification of ancient artifacts is inherently a matter of "a thousand people, a thousand judgments"; even with exhaustive effort, it is still difficult to reach a consensus. We can only approach this with a sense of reverence, adhering to academic principles, and dare not take it lightly.

As for valuation, I have always held a cautious and fair stance. As I have eighteen years of experience specializing in ancient jade,it is neither to flatter and inflate prices to mislead the market, nor to suppress and devalue for personal gain; all valuations are based on a comprehensive assessment of market realities, quality levels, and rarity of ancient jade.

In summary, I am publishing this volume not to establish rigid rules, but to build a bridge between academia and the market. This initiative aims to inspire further research into folk ancient jade. If it can allow readers to appreciate the brilliance of ancient jade, and to feel the craftsmanship of our ancestors through the artifacts, then all our hard work has been worth it.

Lai jie
March 18th,2025

图书在版编目（CIP）数据

民间古玉集萃 / 西湖艺术博览会组委会编. -- 杭州 ：
西泠印社出版社，2025．4．-- ISBN 978-7-5508-4820-7

Ⅰ．K876.82

中国国家版本馆CIP数据核字第20250DK152号

民间古玉集萃

西湖艺术博览会组委会 编

责任编辑　傅笛扬　李雪梅

特邀编辑　来　杰

责任出版　杨飞凤

责任校对　应俏婷

装帧设计　刘硕宇　王　璐

出版发行　西泠印社出版社

（杭州市西湖文化广场 32 号 5 楼　邮政编码：310014）

电　　话　0571-87240395

经　　销　全国新华书店

印　　刷　浙江影天印业有限公司

开　　本　889mm×1194mm　1/16

字　　数　160 千字

印　　张　30

书　　号　ISBN 978-7-5508-4820-7

版　　次　2025 年 4 月第 1 版　第 1 次印刷

定　　价　680.00 元

西泠印社出版社发行部联系方式：（0571）87243079